MINDFULNESS IN 5 MINUTI

Testi: Nicoletta Cinotti
Editing: Giorgia Turchetto
Impaginazione: Studio editoriale Copia&Incolla (VR)
Immagini: Shutterstock Images

Responsabile di produzione: Franco Busti
Responsabile di redazione: Laura Rapelli
Redazione: Daniela Albertini
Responsabile grafico: Meri Salvadori
Fotolito e prestampa: Federico Cavallon, Fabio Compri
Segreteria di redazione: Emanuela Costantini

Stampa e confezione: Grafica Veneta, Trebaseleghe (PD)

© 2020 Gribaudo - IF - Idee editoriali Feltrinelli srl
Socio Unico Giangiacomo Feltrinelli Editore srl
Via Andegari, 6 - 20121 Milano
info@gribaudo.it - www.gribaudo.it

Prima edizione: 2020 [4(E)] 978-88-580-2678-6

Tutti i diritti sono riservati, in Italia e all'estero, per tutti i Paesi.
Nessuna parte di questo libro può essere riprodotta, memorizzata o trasmessa
con qualsiasi mezzo o in qualsiasi forma (fotomeccanica, fotocopia,
elettronica, chimica, su disco o altro, compresi cinema, radio, televisione),
senza autorizzazione scritta da parte dell'editore.
In ogni caso di riproduzione abusiva si procederà d'ufficio a norma di legge.

NICOLETTA CINOTTI

MINDFULNESS IN 5 minuti

PRATICHE INFORMALI DI ORDINARIA FELICITÀ

GRIBAUDO

NICOLETTA CINOTTI, psicoterapeuta e Mindfulness Teacher, si occupa da moltissimi anni di mindfulness, che integra con la psicoterapia e le attività di formazione in azienda. La mindfulness è l'attività centrale del suo Centro Studi con ben 5 diversi protocolli per bambini, famiglie e adulti. Nicoletta si occupa di scrittura espressiva e dell'integrazione tra meditazione e scrittura. Gestisce da molti anni un sito, un Canale YouTube e un blog con indicazioni quotidiane di pratica.

La trovi su www.nicolettacinotti.net.

SOMMARIO

PARTE UNO

USCIRE DAL PILOTA AUTOMATICO

17

PARTE DUE

L'ILLUSIONE DI UNA VITA PERFETTA

73

PARTE TRE

IL NOSTRO MATRIMONIO CON IL TEMPO E LE PRATICHE DI ORIDINARIA FELICITÀ

113

PARTE QUATTRO

STRUMENTI DI MANUTENZIONE DELL'ANIMA

183

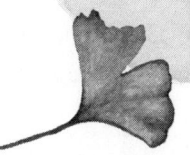

«Siamo completamente perfetti. Abbiamo bisogno solo di qualche aggiustamento.»

Suzuki Roshi

C'è qualcosa che compreremmo tutti volentieri: il tempo. Vorremmo più tempo libero e più serenità in quello che abbiamo a disposizione, troppo spesso delimitato e costretto tra mille doveri e impegni.

È facile pensare che non sia possibile avere tempo per qualcosa in più nelle nostre giornate. Tanto meno per una pratica – quella della mindfulness – che richiede costanza. Eppure la mindfulness un regalo lo fa a tutti: regala un tempo più ampio in cui gustare la propria vita. E non perché permette di ottenere qualcosa di speciale ma perché, essendo più presenti e consapevoli, siamo in grado di assaporare quello che facciamo e non ci sentiamo trascinati in un vortice di attività. La mindfulness restituisce qualità al nostro tempo e lo fa inserendosi nelle nostre azioni abituali, offrendoci la possibilità di vivere, ogni giorno, ogni momento, occasioni di ordinaria felicità. Non la felicità straordinaria – quella che accade poche volte nella vita – ma la felicità delle piccole cose. La possibilità di gustarti il caffè al bar, il tragitto in autobus per accompagnare tuo figlio in palestra, oppure il raggio di sole che arriva a toccarti la testa mente sei in ufficio, scaldandoti.

La sensazione di fretta, disagio, confusione che contraddistingue le nostre giornate non è legata alla mancanza di tempo bensì alla mancanza di presenza in quello che facciamo: la testa è in un luogo e il corpo in un altro, mentre il cuore resta disorientato tra i due senza saper bene dove mettersi a riposo. La pratica di mindfulness è un modo per offrire al cuore uno spazio sicuro dove riposare. Un modo per restituire al tuo tempo – quello libero e quello lavorativo – la qualità che può avere quando siamo presenti in quello che facciamo.

Corriamo perché pensiamo che la felicità sia sempre altrove, più o meno distante da dove siamo in questo momento. Corriamo, convinti di arrivare prima in questo paradiso di felicità. Non è così: basta portare attenzione a quello che stiamo facendo, una attenzione che includa noi stessi, per scoprire che una felicità ordinaria, ma non per questo meno significativa, ci aspetta in ogni momento. Forse non abbiamo bisogno di cambiare vita, ma abbiamo senz'altro bisogno di cambiare il modo con cui guardiamo alla vita che abbiamo.

Quante volte ti è capitato di raggiungere un obiettivo, magari a lungo sognato, per scoprire che la felicità di quel traguardo era evanescente e si esauriva troppo presto? Quante volte hai scoperto che momenti tanto desiderati non erano poi così soddisfacenti? Quante volte hai pensato che forse avresti trovato la felicità nel traguardo successivo e non in quello che avevi appena raggiunto?

La mindfulness ti suggerisce di cercare la felicità proprio qui, proprio ora, non in qualcosa di futuro ma in qualcosa di presente nella nostra unica, preziosa e selvaggia esistenza. Questo libro ti accompagnerà attraverso pratiche informali che rappresentano – per l'appunto – un modo diverso di fare le azioni che già facciamo ogni giorno, cambiando solo la nostra attenzione, la presenza e la consapevolezza. Scoprirai che in questo modo anche gli atti più banali guadagnano significato e il tempo si dilata per accogliere la tua presenza.

È importante accompagnare le pratiche informali con le pratiche formali, quelle che facciamo in un tempo dedicato. Le pratiche formali ci permettono di imparare a padroneggiare l'attenzione, a conoscere quella distanza esplorativa che favorisce lo sciogliersi del nostro egocentrismo e ad affinare la comprensione del funzionamento della mente. Puoi seguire le pratiche formali sul mio canale YouTube oppure iscriverti al mio blog, che offre indicazioni quotidiane di pratica accompagnate da file audio. Non dimenticare mai che mindfulness non significa ascesi. Significa entrare dentro quello che accade – senza giudizio – e gustarlo attimo dopo attimo. Non significa appiattire le onde, come dice Jon Kabat-Zinn, o aspettare che il mare si calmi: significa trovare un modo per stare nel mare, non sempre piacevole, della nostra vita.

Significa rispolverare le capacità di attenzione, presenza e consapevolezza che ci appartengono dalla nascita ma che rimangono nascoste dietro il multitasking, dietro l'iperconnessione che ci tiene occupati con una moltitudine di informazioni.

Troverai le pratiche informali di questo libro organizzate in quattro grandi aree: *Uscire dal pilota automatico*; *L'illusione di una vita perfetta*; *Il nostro matrimonio con il tempo e le pratiche di ordinaria felicità*; *Strumenti di manutenzione dell'anima*.

Potrai leggere il libro pagina dopo pagina oppure aprirlo a caso e leggere solo l'argomento che ti compare davanti. Alla fine troverai *The "Happy" end! Ovvero un misurato epilogo*, un test che ti permette di valutare – nelle diverse aree della vita – il tuo quoziente di felicità. Potrebbe diventare una mappa per riconoscere in quali aree orientare la cura di te. Puoi scegliere se fare il test prima o dopo aver letto il libro.

Ogni momento è adatto per riconoscere che quello che cerchiamo affannosamente da tutta la vita è nascosto proprio dentro di noi. Nel luogo più vicino ma, quando siamo distratti, più lontano: il cuore.

PARTE UNO

USCIRE DAL PILOTA AUTOMATICO

«La gente si aggrappa
all'abitudine come a uno scoglio,
quando invece dovrebbe staccarsi
e buttarsi in mare. E vivere.»

Charles Bukowski

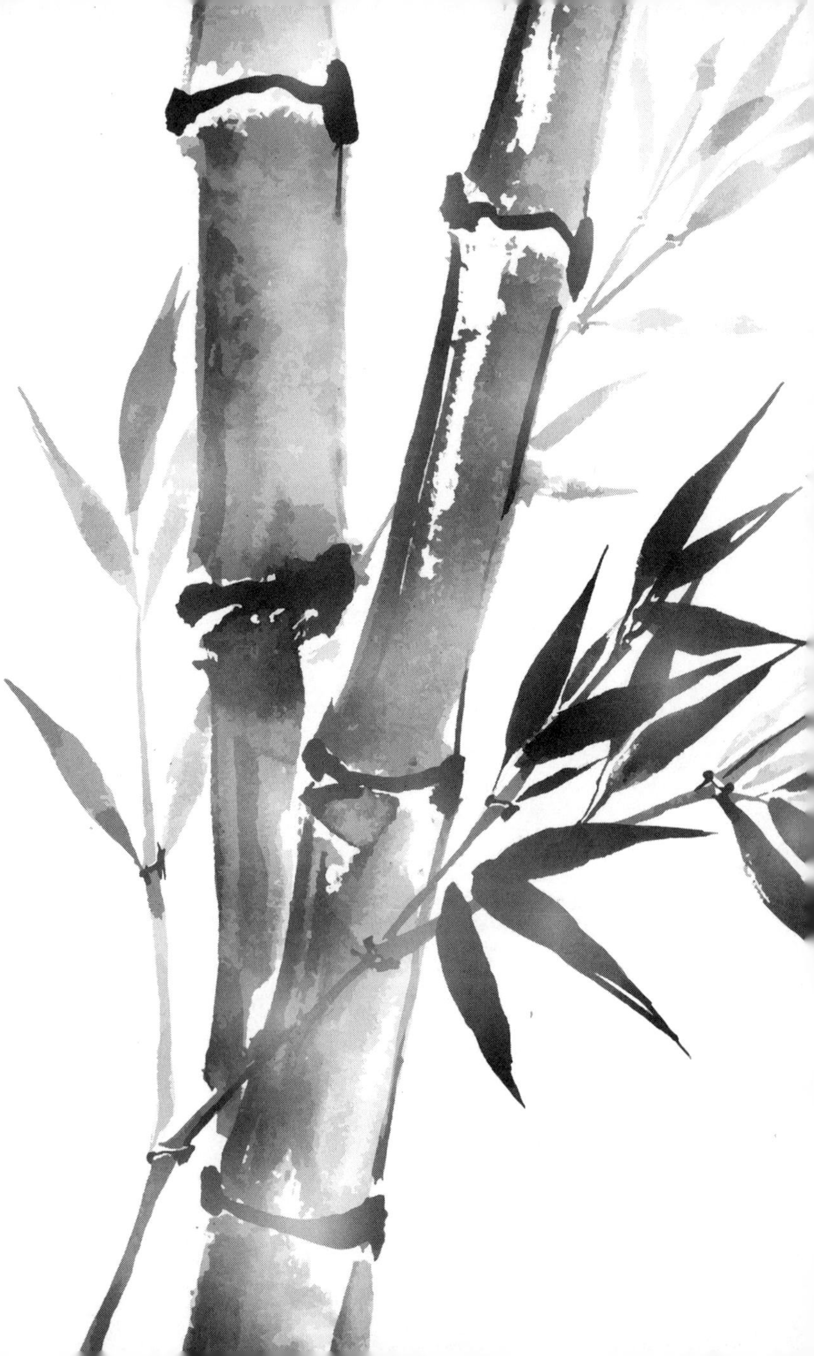

PARTE UNO

Daniel Simons è conosciuto per i suoi esperimenti sull'attenzione. Ha dimostrato che **non vediamo molte cose** che sono davanti al nostro naso perché siamo distratti.

In uno dei suoi esperimenti più famosi un attore chiedeva informazioni a un passante. La scena era interrotta da due operai che si frammettevano tra le due persone con una porta ingombrante. Solo il 50% delle persone si accorgeva che, dopo il passaggio della porta, la persona che stava chiedendo informazioni era diversa da quella iniziale. La sostituzione avveniva con un altro attore che, oltre a essere diverso dal precedente, era anche vestito con altri colori, aveva capelli diversi e voce diversa. Eppure pochi notavano il cambiamento.

Perché?

Le ragioni sono **due**.

La **prima** è che la loro attenzione era focalizzata sul compito – dare l'informazione corretta – e non sull'intera situazione. In questo modo però perdevano informazioni importanti. Prova a immaginare una situazione simile sul lavoro o nella vita privata: siamo talmente preoccupati e occupati da quello che dobbiamo fare da non accorgerci di qualche cambiamento tutt'altro che secondario. E questo, col passare del tempo, ci può mettere nei guai.

La **seconda** ragione è che l'attenzione è un patrimonio limitato: noi la trattiamo come se fosse infinita ma non è così. Guardare cento volte al giorno il cellulare significa aggiungere cento informazioni. Quelle cento informazioni sono in più: occupano uno spazio che non possiamo dedicare ad altro.

PARTE UNO

Immagina che l'attenzione sia un contenitore. Alcune persone avranno un grande contenitore, altre un contenitore più limitato. Quando il contenitore è pieno l'effetto è uguale per tutti: perdiamo informazioni perché non c'è più spazio. Perché questo spazio si riformi è necessario ridurre il numero di informazioni che arrivano: dormire o meditare. Riducendo la quantità di stimoli a cui ci esponiamo la mente si svuota. Non si tratta di un processo immediato: all'inizio sarà offuscata dal rumore e dalla proliferazione mentale, poi, gradualmente, tornerà a uno stato di maggiore quiete.

I passanti che davano informazioni e non riconoscevano il cambio di attore dopo il passaggio della porta avevano il pilota automatico inserito, ossia svolgevano un compito – dare informazioni – senza essere totalmente presenti: succede a tutti. Quante volte fai lo stesso percorso in auto senza ricordarti se i semafori che hai incontrato erano rossi o verdi? Quante volte entri in autostrada e non ricordi quali auto sono passate prima di te al casello?

Spesso il pilota automatico è molto utile perché ci serve a selezionare le informazioni prioritarie e ci permette di fare più cose contemporaneamente: il fatidico **multitasking**.

Però non bisogna abusarne: in questa sezione ti darò delle informazioni per **fare buon uso** della tua attenzione. E fare buon uso dell'attenzione restituisce consapevolezza e presenza.

1
ATTENZIONE E MEMORIA

La nostra mente è fatta come un imbuto: raccoglie molte informazioni che poi arrivano a una strettoia, la cosiddetta **memoria operativa**, quella che ci consente di usare queste informazioni selezionandone solo una parte.

PARTE UNO

Se abbiamo troppe informazioni, la memoria operativa trabocca e noi cominciamo a sentirci sovrastati dalla quantità di informazioni raccolte. Queste ultime devono infatti fare i conti con i limiti della nostra memoria operativa. Tutto ciò può avere due effetti su di noi: o **ci sentiamo stressati**, e abbiamo la sensazione che la vita ci scivoli dalle dita, oppure **finiamo per congelarci** diventando sempre più indecisi e meno consapevoli.

Quando ci sentiamo così, cercare di uscire dal blocco aggiungendo informazioni è dannoso. Piuttosto è il momento di "praticare pausa", che non significa prendere un caffè, ma prendere uno spazio di consapevolezza.

Esercizio del giorno

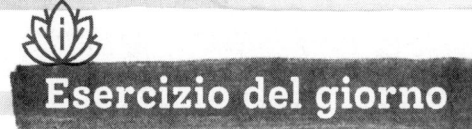

- Porta l'attenzione alle sensazioni che derivano dall'ambiente in cui ti trovi. Suoni, odori, vista, tatto, posizione.

- Poi porta l'attenzione alle sensazioni fisiche: piacevoli, spiacevoli o neutre. Osserva se ci sono sensazioni emotive. Guarda se i tuoi pensieri vanno al passato o al futuro. Non entrare in dialogo con i pensieri ma semplicemente osservali come se fossero nubi nel cielo: chiare e leggere o dense e minacciose?

- Poi fai tre respiri consapevoli, senza tentare di renderli più ampi del normale. Il respiro va bene proprio com'è. Semplicemente inspirando sai che stai inspirando, espirando sai che stai espirando.

- Ora riporta l'attenzione alle sensazioni fisiche ed emotive, ai pensieri, all'ambiente in cui ti trovi: sei fuori dal pilota automatico!

2
QUEL SIMPATICONE DEL PILOTA AUTOMATICO

A breve termine, il pilota automatico permette di estendere la memoria operativa e di imparare delle abitudini. Ciò avviene **grazie alla ripetizione**. La mente collega tra loro le azioni necessarie e ci permette di concludere un compito con velocità e grazia.

Facilmente, però, le abitudini prendono il sopravvento, perché sono collegate tra loro come anelli di una catena. Così succede che usciamo di casa con l'intenzione di cambiare strada per fare una commissione prima di arrivare in ufficio, ma ci ritroviamo a percorrere lo stesso itinerario senza aver fatto la commissione perché, distrattamente, abbiamo seguito la nostra abitudine. Tranquilli: non è Alzheimer! È lui: l'**amico pilota**.

Se non stiamo attenti, gli automatismi prendono il sopravvento e possono assumere il controllo della nostra vita in tanti modi diversi, apparentemente insignificanti. Con il passare del tempo queste catene di abitudini innescate dal nostro pilota automatico possono togliere sapore e consapevolezza. Per questo, ogni tanto, è importante cambiare abitudini. Ecco un esercizio per farlo: il **disabituatore**.

Esercizio del giorno

- Questa settimana scegli intenzionalmente di cambiare una abitudine.

- Può essere cambiare bar dove fai colazione, cambiare percorso per arrivare in ufficio o cambiare posto a tavola. Non importa cosa scegli di cambiare: è sufficiente, per una settimana, fare qualcosa fuori dalle abitudini consuete. Potrai scoprirti a vedere con occhi nuovi cose che prima davi per scontate. Magari, cambiando posto a tavola, vedrai una prospettiva diversa della stanza o un diverso panorama dalla finestra.

- In ogni caso lo scopo dell'esercizio è osservare con occhi nuovi quello che già conoscevi: forse lo troverai insolitamente piacevole.

ATTENZIONE ED EMOZIONI

Tra attenzione ed emozioni c'è una relazione sottile e fondamentale: diamo valore a ciò che la nostra attenzione ci permette di vedere, di sperimentare.

Se l'attenzione vaga senza fermarsi ci ritroveremo ben presto a rimuginare su qualcosa che ci è accaduto. Se stiamo bene ci vorrà molto tempo prima che inizi il rimuginare. Se siamo tristi accadrà quasi subito. Ciò succede perché entra in azione un **sistema di default che si occupa di rilevare i pericoli**. Quando siamo attenti e focalizzati, questo sistema di default è in uno stato di riposo: stare attenti produce un senso di calma. È vero che per essere attenti bisogna stare calmi ma è vero anche il contrario:

stare attenti calma. La regolazione dell'attenzione è una forma di cura con effetti anche emotivi. Potremmo addirittura dire che la **mindfulness** altro non è che una **cura che utilizza la padronanza dell'attenzione**. Se vogliamo una vita più piena e soddisfacente non abbiamo bisogno di aumentare gli stimoli che già l'arricchiscono: quando lo facciamo aumentiamo la possibilità di confonderci.

Abbiamo invece bisogno di **dare piena attenzione a quello che già è presente**. E per fare ciò nessun regalo può essere più prezioso della nostra attenzione.

Esercizio del giorno

Sei preda dell'agitazione?
Prova a seguire per qualche tempo un'attività
che ti piace con totale attenzione, chiudendo
il cellulare ed eliminando le fonti di distrazione.
Guarda come ti senti dopo averlo fatto. Molto
probabilmente sarai più tranquilla o tranquillo.

4

I LADRI DELL'ATTENZIONE

Le emozioni possono anche essere fonte di distrazione. In genere possiamo essere distratti da quattro tipologie di emozioni: **rabbia, paura, dubbio** o **preoccupazione**.

Questi quattro elementi sono veri e propri ladri di attenzione. Quando diventano uno stato mentale ci assorbono completamente rendendoci offuscati o iperattivi.

Non dobbiamo lottare perché i "ladri" non si presentino: abbiamo solo bisogno di non farci trascinare in uno stato di assorbimento e per farlo **basta rimanere consapevoli**. Consapevoli del sorgere di questi stati mentali e in ascolto di cosa li ha attivati.

Esercizio del giorno

- La notazione è una forma di attenzione: scegliamo una parola che definisca, dentro di noi, l'esperienza che stiamo vivendo. Questo ci aiuta a rimanere presenti senza cercare di essere diversi da come siamo.

- Notare sensazioni come "sto diventando preoccupato" oppure "ho paura" è sufficiente per rimanere presenti.

- Non abbiamo bisogno di cambiare ciò che proviamo: abbiamo solo bisogno di avere una diversa relazione con la nostra esperienza.

- Riconoscere che quello che proviamo ha un nome ci calma. Come dicono gli inglesi, *naming is taming*: nominare addomestica le emozioni. Usa una parola semplice per definire quello che provi: niente grandi discorsi.

5

LA RI-PERCEZIONE

Uscire dal pilota automatico significa anche entrare in un modo nuovo di percepire. Sono le stesse cose ma noi le vediamo come se le incontrassimo per la prima volta.

È una specie di ri-percezione che facilita lo sviluppo e il cambiamento. Una ri-percezione che non crea distanza o disconnessione dalla propria esperienza ma ci rende, piuttosto, maggiormente capaci di guardarla, sentirla e conoscerla profondamente.

Questa **freschezza percettiva** può offrire maggior equilibrio e capacità di risposta alle esperienze abitualmente soverchianti, dandoci anche l'opportunità di riflettere per poter scegliere valori e azioni più in sintonia con la situazione nella quale ci troviamo.

L'esperienza diventa più eloquente ed espressiva: chiara nel valore che attribuiamo a quello che accade, osservata con maggiore flessibilità emotiva e mentale, capace di offrire attenzione e contatto anche ad aspetti che prima venivano evitati.

Esercizio del giorno

**Oggi scegli un colore, un colore che ami o che odi: poco importa.
Cercalo durante la giornata in tutto quello che vedi. Ti accorgerai – spesso con stupore – che il mondo è più colorato di quanto credevi.
Questo è conoscere con stupore.**

6
DISTRARSI E PROCRASTINARE

Il nostro pilota automatico ha **due aiutanti**, sempre pronti a correre in suo soccorso: la **procrastinazione** e la **distrazione**. Sono due abitudini silenziose che sembra ci diano più tempo ma, di fatto, ci tolgono molto spazio mentale.

Spesso procrastiniamo per paura di fallire o per l'ansia di non essere all'altezza di quello che dovremmo fare. Se accettiamo la possibilità di sbagliare sarà molto più facile rinunciare alla procrastinazione: **accogliere le difficoltà** è un'ottima cura per la procrastinazione.

La distrazione è l'altra faccia della procrastinazione. Non ci focalizziamo su una cosa precisa ma lasciamo che la nostra mente vaghi ed errabondi.

Molte distrazioni sono facili e confortevoli: attività in cui facendo qualcosa di piacevole, contemporaneamente rimandiamo quello che dovremmo realmente fare.

Leo Babauta, un insegnante zen americano, ha stilato un piccolo **vademecum** per lasciar andare la distrazione:

•

Valuta che cosa ti offre quella distrazione.
Forse ti dà delle conferme o una piccola dose
di qualcosa che ti interessa?
Questi aspetti nutrono il nostro desiderio
di distrarci e ci trascinano oltre il necessario.

•

La distrazione comporta, insieme al piacere,
anche degli svantaggi. Quali sono?

•

La distrazione comporta un piacere immediato.
Quale piacere ci sottrae invece su tempi lunghi?

•

Prova a vedere cosa succede se fai a meno
della distrazione. Cosa ti dà appagamento
nella vita, al di là del piacere del distrarti?

•

Quali sono le fonti del piacere dentro di te,
e invece quelle fuori di te? Cosa ti fa felice?

•

Cosa ti fa provare la libertà che sperimenti
quando abbandoni la distrazione?

•

DIVERSI TIPI DI ATTENZIONE PER COLTIVARE LA LEADERSHIP

L'attenzione non è tutta uguale, ma esistono diversi tipi di attenzione con funzioni diverse: la concentrazione, l'attenzione selettiva e la consapevolezza aperta.

La **concentrazione** è la capacità di escludere i distrattori per focalizzarsi esclusivamente su un compito. L'**attenzione selettiva** ci permette di riconoscere gli elementi importanti in un insieme di stimoli. La **consapevolezza aperta** ci fa essere presenti ma, allo stesso tempo, pronti a cogliere ogni aspetto ulteriormente interessante.

Secondo Daniel Goleman – il ricercatore che per primo si è occupato di intelligenza emotiva – c'è una relazione tra attenzione e capacità di leadership. Chi si trova in posizioni di responsabilità ha bisogno di una buona dose di consapevolezza di sé per riuscire a integrare le proprie capacità e metterle in relazione con l'ambiente in cui si trova. La capacità di integrare i tre tipi di attenzione – concentrazione, attenzione selettiva e consapevolezza aperta – permette di coltivare una buona autoconsapevolezza e di trovare una modalità efficace per entrare in relazione con l'ambiente esterno.

Esercizio del giorno

- Oggi prova a essere consapevole della tua attenzione.

- Rimugini a lungo su qualcosa? Forse è un eccesso di concentrazione.

- Le informazioni ti scivolano addosso senza fermarsi? Forse è un eccesso di consapevolezza aperta.

- Riesci a passare da un tipo di attenzione all'altro a seconda dei compiti che stai portando avanti? Fai la spesa con concentrazione o riempi il carrello dei prodotti che vedi senza sceglierli veramente? Ti parlano e non senti perché sei altrove con la testa?

- Quando vuoi tornare presente porta l'attenzione al respiro. Usa il respiro come un ancoraggio al presente. Bastano un paio di respiri consapevoli, senza modificare la respirazione naturale.

8

MOLTEPLICI RUOLI, MOLTEPLICI ATTIVITÀ

Siamo animali sociali con molteplici ruoli. A casa possiamo essere partner o genitori, mentre al lavoro siamo impiegati, medici, avvocati.

I ruoli non sono né buoni né cattivi e ci forniscono regole di comportamento sociale e modalità di azione adeguate al contesto. Però, a volte, i ruoli finiscono per schiacciare la nostra anima e privarla di tutti gli aspetti contemplativi che, pure, ci appartengono per diritto di nascita.

Da bambini possiamo rimanere affascinati da una goccia di pioggia sul vetro e passare del tempo semplicemente a osservarla o guardare le meraviglie di un prato come se fosse un pianeta inesplorato in cui siamo i primi ad avventurarci. Questa capacità contemplativa esprime il nostro essere e permette il nostro sviluppo. È per questo che occupa tanto spazio nella prima infanzia: è fondamentale per la nostra crescita come persone. Anzi, forse è proprio in questa parte contemplativa che risiede la nostra umanità.

Se ci attira troppo la modalità del fare, il portare a termine i compiti che i nostri ruoli richiedono, finiamo per lasciare tutto lo spazio vitale al pilota automatico, che ci permette di compiere magnificamente i nostri doveri ma senza quella goccia di anima, passione e novità che rende ogni cosa degna di essere vissuta.

Quando diventiamo adulti, infatti, non ci concediamo abbastanza momenti in cui perdere tempo e, nel perderlo, ritrovarlo. La mindfulness ti invita a risolverare la capacità di **guardare con stupore e senso di novità** la tua vita, riportando alla luce le qualità originarie della tua mente.

Restituisciti la possibilità di avere uno sguardo contemplativo verso il mondo e verso di te.

Esercizio del giorno

- Ti invito a chiudere gli occhi e a guardare dentro, invece che fuori, per ascoltare l'onda del respiro, senza nessun impegno al di fuori dell'essere presente. Qui, ora.

- Fallo solo per un minuto e poi, se ne sentirai sollievo, per un altro minuto ancora. Solo un minuto alla volta: non prendere impegni per il futuro. Non chiederti di farlo per mezz'ora, non cadere nella constatazione che non hai tempo.

- Basta un minuto per essere presenti. Basta un minuto per essere vivi. Lascia per un minuto il tuo fare incessante e dimora nel respiro: entrerai così nella modalità dell'essere.

9
MODALITÀ DELL'ESSERE O MODALITÀ DEL FARE?

Funzioniamo tutti su **due registri**. Il primo è **quello del fare**, che ci spinge a essere attivi, a produrre piccoli o grandi risultati, a fare programmi e strategie per realizzarli. Quando siamo impegnati nella modalità del fare restringiamo la nostra consapevolezza all'obiettivo che ci siamo dati e ai passi necessari per conseguirlo. Questa modalità è legata ai nostri ruoli, sia professionali che privati. L'agenda giornaliera di un genitore è tanto piena di incombenze quanto quella di un manager di una multinazionale. Cambiano le attività perché i ruoli sono diversi ma possono essere altrettanto schiaccianti. Quando guardiamo al mondo dalla prospettiva dei nostri ruoli vediamo un panorama limitato dai confini di ciò che dobbiamo fare.

L'altro registro è la **modalità dell'essere**: il piacere e il senso della nostra presenza nel mondo, che viene alimentato dagli aspetti contemplativi e creativi della nostra personalità.

Se non abbiamo un equilibrio tra questi due registri, diventiamo schiavi dei nostri pensieri e schiavi del nostro attivismo. E, a lungo andare, padroni impotenti di un personaggio riottoso: la nostra mente.

È per questo che la **consapevolezza del respiro**, con la sua assoluta semplicità, è così importante: ci permette di risintonizzarci con la modalità dell'essere e la sua durata è a nostra completa discrezione. Basta un minuto per essere presenti. Tre minuti per praticare uno spazio di respiro che cambia il nostro clima interno e interrompe gli automatismi.

Il respiro ci insegna a stare con noi nudi e crudi, così come siamo. Questa è la base. Se la evitiamo, evitiamo di incontrarci davvero. E dimoriamo in un fare che sembra un essere e, invece, ci rende sempre più lontani da noi.

> «L'eccessivo aumento delle prestazioni porta all'infarto dell'anima.»
>
> *Byung-Chul Han*

10

CHE COSA CAMBIA CON LA MINDFULNESS?

La pratica di mindfulness mette l'accento sulla vita quotidiana senza partire dall'idea che ci sia qualcosa da cambiare ma, piuttosto, nella convinzione che **ci siano molte cose da conoscere**. Una volta conosciute, possono permetterci un cambiamento semplice e immediato.

Finora ho parlato di attenzione perché, senza attenzione, non è possibile nessuna conoscenza e nessun apprendimento. Adesso, visto che lo strumento dell'attenzione comincia a essere più calibrato, possiamo allargare un po' il nostro panorama e iniziare a osservare la nostra quotidianità, descrivendola senza giudizio o reattività, con lo scopo di arrivare a un'azione più consapevole.

Attenzione, intenzione e atteggiamento sono tre elementi della nostra esperienza. Siamo mossi da una **intenzione che orienta il comportamento** e tanto più il nostro atteggiamento è giudicante tanto più diminuiamo la possibilità di essere curiosi ed esplorativi rispetto a quello che succede. Il giudizio è come un'etichetta che chiude l'esperienza: ci dice che sappiamo già come andrà a finire, riducendo la possibilità di imparare dall'esperienza in corso.

Esercizio del giorno

- Oggi, come pratica informale, porta l'attenzione al sorgere dei giudizi.

- Possono essere giudizi veloci e generici come "piacevole", "spiacevole", "neutro", oppure sensazioni estremamente positive o, al contrario, di rifiuto.

- Osserva cosa succede al tuo corpo mentre giudichi un'esperienza e guarda cosa succede al tuo interesse per quella esperienza.

- Alla fine della giornata potrai aver preso più confidenza con la tua tendenza a giudicare.

11

SIAMO SICURI DI SAPERE COS'È LA MINDFULNESS?

A questo punto, sarai curioso di sapere cos'è la mindfulness, di cui si parla così tanto, e vorrai sapere perché non l'ho definita prima.

Non l'ho fatto perché fosse chiaro che la mindfulness non è qualcosa di estraneo, una nuova disciplina da imparare oppure, peggio ancora, una tecnica esotica.

La mindfulness è usare le nostre abilità mentali in modo intenzionale.

Cosa vuol dire intenzionale?

Vuol dire scelto, deliberato, non casuale. Essere presenti, essere attenti, essere consapevoli è qualcosa che può avvenire casualmente, quasi al di fuori della nostra volontà: è normale perché siamo umani. La mindfulness rende tutto ciò una scelta intenzionale e voluta, non casuale.

È l'intenzionalità a dare una prospettiva diversa: una prospettiva che porta significato in quello che facciamo.

Poiché non siamo abituati a dare attenzione alla nostra intenzionalità, te ne parlerò nelle prossime pagine così che ti sia chiaro quanto è importante una volontà intenzionale, soprattutto nella pratica informale.

Senza intenzione è come se veleggiassimo privi di una direzione precisa. Magari abbiamo le vele adatte al vento che tira ma non sappiamo in quale direzione andare. Mindfulness è, invece, una **intenzione che diventa presenza**.

12

L'INTENZIONE

Il nostro pilota automatico ha sempre un'intenzione: farci fare le cose più velocemente possibile (e più automaticamente possibile). In molti casi lasciamo che la nostra intenzione sia offuscata dalla sua: così rapida e sempre pronta a prendere il timone e a darci una direzione. Eppure l'intenzione è quella che dà significato, offre sapore, organizza i desideri. Attiva il nostro agire e lo fa brillare con uno scopo che esprime ciò che ci anima.

Ma cos'è esattamente una intenzione?

PARTE UNO

L'intenzione è un orientamento della coscienza, e può indicare semplicemente il proposito e il desiderio di raggiungere un fine.

C'è una differenza fondamentale tra l'intenzione e gli obiettivi, che sono costruiti sulla base di azioni specifiche. **Gli obiettivi sono passi predefiniti**: se li manchiamo abbiamo fallito.

Le intenzioni invece sono desideri che orientano le nostre scelte ma contengono la consapevolezza dell'incertezza, delle sorprese e delle novità che possiamo incontrare nel tragitto per realizzarli. Durante questo percorso potremmo anche renderci conto che le nostre intenzioni vanno decisamente ridimensionate o che sfumano in una direzione diversa rispetto al momento in cui abbiamo cominciato. Ma anche se l'intenzione varia, il punto centrale – da non dimenticare – è il legame stretto tra intenzione e significato. È la nostra intenzione che dà significato a quello che facciamo: è una promessa per la nostra vita.

PARTE UNO

Se lasciamo che tutto lo spazio di intenzionalità sia posseduto dal pilota automatico, ci ritroveremo ben presto con la sensazione di una vita che non ci sembra degna di essere vissuta. Non solo: avere chiaro qual è la nostra intenzione ci permette di identificarci meno con le situazioni che viviamo. In questo modo possiamo guardare a ciò che proviamo come guarderemmo le nuvole del cielo, che a volte sono chiare e leggere, altre volte pesanti e dense di pioggia, ma le nuvole non sono il cielo, proprio come noi non siamo le condizioni che ci troviamo a vivere. Al contrario, noi siamo il cielo, mentre le condizioni che ci troviamo a vivere sono le nuvole, e possono variare: leggere o pesanti, luminose oppure offuscate.

Di conseguenza, non essere totalmente identificati con quello che ci accade ci restituisce un regalo prezioso: **la libertà di scegliere**. Senza questa libertà saremmo distrutti dai nostri fallimenti e sempre preda delle alterne vicende quotidiane. La nostra vita ha luci e ombre: non per merito o demerito, ma perché è normale che l'esito delle nostre azioni sia sempre incerto.

Nell'intenzione sappiamo che ogni passo ha valore: ci aiuta a ricordarci di scegliere la direzione che vogliamo dare alla nostra vita.

Esercizio del giorno

Qual è la tua intenzione per questa giornata?
Con quale atteggiamento puoi coltivare questa intenzione?
Riesci a essere consapevole del modo in cui gli automatismi ti distolgono dall'intenzione?
Domandati qual è la tua intenzione ogni volta che inizi un nuovo compito.

13

DEDICARE UN'INTENZIONE

Nella tradizione tibetana "mettere" le intenzioni si accompagna a un'altra pratica: **dedicare la nostra intenzione**. È un modo per arricchire di generosità l'intenzione che nasce dal nostro orientamento. Si tratta semplicemente di un'altra opportunità per connetterci di nuovo con le nostre aspirazioni più profonde.

Esercizio del giorno

- Passa in rassegna la tua giornata, l'umore, le conversazioni significative, i pensieri e torna in contatto con lo spirito dell'intenzione che hai messo questa mattina.

- Valuta se hai rispettato l'intenzione e se hai rispettato la dedica a essa collegata. La dedica rende la nostra intenzione più "relazionale".

- Potremmo correre il rischio di essere troppo assorbiti dalle nostre intenzioni: dedicarle ci permette di rimanere più aperti alla relazione che sussiste tra le nostre scelte e gli altri. Anche se decidiamo di realizzare qualcosa per noi stessi, considerare l'intenzione e la dedica come due aspetti collegati e limitrofi – ma non identici –

permette loro di rimanere flessibili e in continuo dialogo.

- Osserva quanta sintonia c'è stata tra quello che hai fatto, la tua intenzione e la dedica. Mantieni le sensazioni emotive e i pensieri che sono emersi nel fare questa osservazione: non c'è bisogno di scacciarli se sembrano negativi o afferrarli se sembrano positivi, semplicemente rimani in intimità con questa esperienza.

- Infine porta l'attenzione su qualcosa di positivo che è avvenuto nella giornata e raccogli la gioia di questo evento. Non prolungare l'esercizio: 5 minuti sono più che sufficienti. Il semplice fatto di esserci impegnati in questo esercizio è importante e ci offre qualcosa da cui ripartire domani.

14

FOCALIZZARSI

Qualche volta può essere utile fare una "revisione" focalizzata su quello che sta succedendo, soprattutto se dobbiamo affrontare un aspetto particolarmente difficile o se siamo impegnati su un tema specifico.

Poniamo che la nostra intenzione sia abbandonare l'atteggiamento autocritico. In questo caso, dopo aver dedicato la nostra intenzione a questo scopo, possiamo prestare particolare attenzione alle situazioni in cui siamo stati gentili con noi stessi, o a quelle in cui abbiamo evitato di criticarci.

PARTE UNO

Se abbiamo un'intenzione molto specifica è facile **scoprire un divario** tra la nostra intenzione e come ci siamo davvero comportati. Quando ciò accade è importante sospendere il giudizio e la critica. Bisogna riconoscere questo divario e mettere l'intenzione di lavorarci il giorno dopo, sapendo che potrà essere necessario ripetere la stessa intenzione per molto tempo prima di poterla realizzare. Rimani sempre sulla stessa intenzione: questo non significa ripetersi, vuol dire essere in un processo di apprendimento.

La consapevolezza del divario tra l'intenzione e la realtà ci aiuta a dirigere il nostro impegno senza trasformare l'intenzione in una meta da raggiungere, in un obiettivo. In questo modo ci daremo il tempo per essere più in sincronia con le nostre intenzioni, con il percorso per realizzarle e, perché no, anche con i nostri obiettivi.

15

LE DIFESE SONO L'ALTRA FACCIA DEL PILOTA AUTOMATICO: LA FACCIA REATTIVA

In situazioni di pericolo abbiamo bisogno di poter contare su un **repertorio veloce e consolidato di risposte**. Questo repertorio si basa su un'intensa reazione avversativa che ha l'obiettivo di farci allontanare dal pericolo il più rapidamente possibile. Se viviamo ripetute condizioni di pericolo – o se abbiamo una soglia di paura molto bassa – le situazioni che possono scatenare intense reazioni avversative e difensive aumentano moltissimo. Entriamo così in un circolo vizioso: più abbiamo paura e più ci difendiamo, più ci difendiamo e più abbiamo paura.

Questo circolo vizioso reattivo si struttura in noi silenziosamente. Ogni volta che proviamo un'emozione con un'alta "carica", scatta un segnale di pericolo poco consapevole e si attiva una di queste tre reazioni: **attacco, fuga,** *freezing*. Queste modalità reattive, però, sono primitive e poco costruttive e dovrebbero entrare in gioco in un ristretto numero di situazioni. Il problema sta nel fatto che la paura o la rabbia ampliano le condizioni di utilizzo dei meccanismi automatici di risposta, mettendole in atto spesso. Insomma quando il pilota automatico diventa il nostro difensore può metterci nei guai.

Esercizio del giorno

- Impara a riconoscere quando sei in modalità reattiva.
- Provi un senso di torpore? Forse sei in modalità fuga.
- Ti scatta l'aggressività? Forse sei in modalità attacco.
- Ti senti in blocco? Forse sei nel freezing.

RISPONDERE E NON REAGIRE

Di fronte alle difficoltà e agli imprevisti, rispondere significa rallentare il processo di attribuzione del significato, lasciando spazio all'esplorazione delle sensazioni fisiche ed emotive, per raccogliere il significato che emerge dal "dialogo con la realtà".

Significa, in breve, volgersi verso l'interno in modo meno avversativo, per far incontrare le sensazioni con i pensieri, e darci il tempo di valutare il significato dell'evento sospendendo il giudizio immediato.

In questo modo il pilota automatico "in versione difensiva" può venir messo a tacere dalla valutazione che la situazione non è così pericolosa come credevamo.

La reattività si basa su un presupposto implicito in noi: **bisogna rispondere sempre**. Passando dalla logica del "rispondere sempre" alla logica dell'ascolto risulta evidente come il tempo che normalmente dedichiamo alla raccolta delle informazioni sia spesso troppo compresso e limitato, inquinato dalla fretta di parlare più che dall'attenzione posta nell'ascoltare.

Passare alla logica dell'ascolto permette un graduale passaggio dalla reazione alla risposta.

Esercizio del giorno

Possiamo seguire tre semplici passi per passare dalla logica del "rispondere sempre" alla logica dell'ascolto:

- parlare della propria esperienza nel presente, facendo riferimento alle sensazioni fisiche, alle emozioni e alla qualità "energetica" dei propri pensieri;
- ascoltare lasciando spazio alla sospensione del giudizio;
- avvicinarsi all'esperienza con il senso di novità che merita, visto che non l'abbiamo mai ascoltata prima!

17

RESPIRARE E SOSPIRARE

Portare l'attenzione intenzionale al respiro attiva fisiologicamente una risposta di ==rilassamento==. Se a questo accompagniamo un sospiro riusciamo a sciogliere parte della tensione muscolare che può essersi accumulata in risposta allo stress. Possiamo farlo in un momento di stress ma anche quando abbiamo uno spazio di pausa: al semaforo, in ascensore, o mentre guidiamo, in modo da **tenere bassa la nostra soglia di reattività**.

Anche se può sembrare strano – o superfluo –, respirare silenziosamente o lasciar uscire un suono non è la stessa cosa: il suono approfondisce il respiro e ci permette, anche se in modo non verbale, di marcare uno spazio espressivo.

LASCIARE
LE CATTIVE ABITUDINI

Di solito il problema che ci poniamo rispetto alle abitudini è come fare a prenderne di buone e a lasciare quelle vecchie e cattive. Il guaio delle abitudini è che ci portano a muoverci con il pilota automatico inserito, così perdiamo il contatto percettivo e alimentiamo il proliferare dei pensieri.

PARTE UNO

Quanto tempo ci vuole per prendere una nuova abitudine?

In media 66 giorni (ma, appunto, è una media. Per alcuni possono bastare 21 giorni, per altri servono 9 mesi).

Come fare a trasformare la **mindfulness** in una buona abitudine?

Bisogna ricominciare, sempre. Ogni volta che smettiamo dobbiamo ricominciare. È così che coltiviamo il formarsi di un'abitudine. Non prendere la noia o la distrazione come segnali di "stop" ma scegli di ricominciare a fare ciò che ti fa bene, per coltivarlo. Niente è perfetto e, a maggior ragione, non è facile riuscire senza discontinuità in qualcosa di così delicato e gentile come la mindfulness. Ma il nocciolo della questione sta nel ricominciare: è così che diventiamo fedeli a noi stessi.

PARTE DUE

L'ILLUSIONE DI UNA VITA PERFETTA

«L'amore non è come una pietra fatta e finita; è come il pane. Va fatto e rifatto ogni giorno.»

Ursula K. Le Guin

PARTE DUE

Se c'è qualcosa che nella pratica di mindfulness viene continuamente ripetuto è che questo momento, per quanto imperfetto ci possa sembrare, non è da correggere ma da conoscere ed esplorare. È qui che la pratica di mindfulness, nella sua assoluta semplicità, comincia a farsi molto originale.

Siamo abituati a pensare che dovremmo correggere, cambiare, modificare, controllare quello che c'è per renderlo migliore. In alcuni casi siamo anche convinti che sia necessario scavare in profondità per capire le ragioni di quello che succede.

Invece, la mindfulness non ci chiede di fare nessuna delle cose che abitualmente pensiamo di dover fare (e che, peraltro, raramente riusciamo a portare a compimento davvero e in modo continuativo).

PARTE DUE

La pratica di mindfulness è un invito, un invito a conoscere e conoscerci sospendendo la fretta del giudizio. Nessuna correzione o progetto di miglioramento: solo diventare amici di noi stessi. Accogliere e accettare la nostra vita così com'è – passo fondamentale – per attivare l'unico cambiamento davvero possibile e duraturo: **crescere**.

È la conoscenza del momento presente, della nostra esperienza in questo preciso istante, che ci libera dalle maglie dell'infelicità. Gioia e dolore, guadagno e perdita, lode e biasimo sono esperienze inevitabili della vita: non un segno della nostra imperfezione. Giudicare continuamente quello che stiamo vivendo ce lo rende estraneo e nemico, mentre abbiamo bisogno di riprendere una sostanziale amichevolezza con la nostra vita e con la nostra esistenza.

19
FARE PACE CON IL PERFEZIONISMO

Fare pace con il perfezionismo, con il desiderio che tutto segua le nostre aspettative, è fondamentale per la serenità e la felicità alle quali aspiriamo.

Eppure è difficile non entrare nel biasimo e nella critica, nostra e altrui. Possiamo anche arrivare a pensare che la ragione della nostra infelicità sia l'imperfezione degli altri e che una buona soluzione sarebbe tagliare via tutto quello che ci rende infelici, persone incluse.

Scendere a patti con la nostra e l'altrui imperfezione diventa così un modo per portare la mindfulness nelle relazioni quotidiane e rendere la nostra famiglia, i nostri amici, i nostri figli, veri e propri maestri zen a domicilio che ci insegnano a camminare con accettazione e accoglienza lungo le strade del quotidiano.

L'illusione di una vita perfetta è un tormento del quale possiamo liberarci. E non è mai troppo tardi per farlo, né troppo presto.

Vale la pena farlo proprio qui e proprio ora.

20

HO FATTO GIUSTO? IL PERFEZIONISMO NELLA VITA QUOTIDIANA

La maggior parte di noi ha le idee molto chiare sul modo giusto di comportarsi. Tuttavia, se alcuni standard di comportamento sono utili, altri possono addirittura essere dannosi. Occorre capire quanto gli standard che ci proponiamo siano ragionevoli e adeguati ai nostri obiettivi generali.

PARTE DUE

Cos'è il perfezionismo? È l'esasperazione di un atteggiamento di severità interiore che diventa la spinta ad aumentare, senza riposo, lo standard di rendimento in particolari aree della nostra vita. Raramente siamo perfezionisti in tutto. Però, se siamo dei perfezionisti, iniziare un nuovo compito o subire un cambiamento professionale o personale, può scatenare risposte di tipo perfezionistico. Risposte che possono anche non riguardare direttamente l'area in cui ci stiamo avventurando. Giusto per tormentarci un po' potremmo sviluppare un'ossessione per l'aspetto fisico (voler raggiungere un particolare peso o una particolare forma fisica), oppure desiderare un certo standard di risultati, o impantanarci in una smania eccessiva di ordine e organizzazione nella nostra vita.

A tormentarsi di più con il perfezionismo sono spesso le persone più dotate, proprio quelle che potrebbero stare più tranquille rispetto ai loro livelli di prestazione.

Esercizio del giorno

Oggi, ogni volta che navighi sui social, guarda quanto spesso sorge il desiderio di imitare quello che vedi o di migliorarti sulla base del paragone tra te e gli altri. La parte della nostra mente che paragona – detta anche *comparing mind* – è una delle cause del perfezionismo. Vuoi darle nutrimento o lasciare che si riposi?

21

LA BELLEZZA DELL'IMPERFEZIONE

Molti personaggi famosi hanno fatto dei loro difetti un marchio distintivo: hanno scelto di non correggerli ma di mostrarli come **segno della loro unicità**. Freddie Mercury, Barbra Streisand, Vanessa Incontrada, solo per citarne alcuni, hanno reso le loro particolarità fisiche un segno di originalità: la bellezza non sta solo nella regolarità dei tratti, ma anche nel modo in cui portiamo nel mondo noi stessi.

Purtroppo però nei confronti dei difetti siamo spesso molto soppressivi: cerchiamo di correggerli o, se riguardano il nostro carattere, evitiamo di mostrarli. In entrambi i casi perdiamo la possibilità di imparare a convivere con una realtà fondamentale: **la vita non è perfetta**. Noi non siamo perfetti e la ricerca della perfezione è uno degli ostacoli più grandi alla felicità. La nostra incessante tendenza alla correzione diventa persecuzione: dietro a ogni persecuzione c'è una tendenza alla correzione. Ci rifiutiamo di stare nelle cose così come sono.

Non nascondere i difetti significa accettare l'autenticità della nostra bellezza, anche quando i difetti sono segni del tempo. Abitarli e mostrarli per come sono ci rende unici. Correggere i difetti raramente ci rende più belli: molto spesso ci rende più simili a una versione plastificata di noi.

PARTE DUE

Oggi sono nella fase "difettosa" della vita: sto invecchiando. Guardo come cambiano il viso e il corpo e cerco ogni giorno l'equilibrio in quel crinale delicato tra cura e accettazione. Sarebbe facile cercare di correggere alcuni dei difetti che l'età porta con sé (nessuna critica per chi lo fa), però ho scelto di non farlo perché i miei difetti mi hanno insegnato tutto quello che potevo imparare. L'hanno fatto marcando un bordo deciso sul cuore, senza menzogna. Perché i difetti bruciano ed è bruciando che ci cambiano e ci permettono di diventare chi siamo veramente.

Alla fine, mi sembra che invecchiando abbiamo due possibilità: diventare chi siamo o fare finta di esserlo diventati. **Scelgo di diventare chi sono:** è un coraggio che occupa tutta la vita quello di tornare al punto di partenza, al cuore aperto, curioso e generoso con cui siamo nati.

Esercizio del giorno

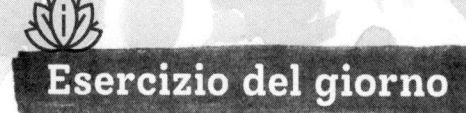

- Per un giorno fai quello che ti sembrerebbe impossibile se dovessi farlo per tutta la vita.

- Non correggere i tuoi difetti, non nasconderli né esibirli. Semplicemente lasciali alla luce del sole.

- Osserva come ti senti nel farlo.

- Confortati nelle sensazioni di disagio e apprezza quelle di libertà.

22

UN CILIEGIO
NON HA PAURA DI FIORIRE

Un ciliegio non ha paura di fiorire. Noi sì, perché abbiamo paura di sbagliare. Un ciliegio considera che non tutti gli anni farà gli stessi fiori e che questo non dipende dal suo valore ma dalla stagione appena passata, dall'acqua e dal vento, dalla sua età e dal terreno in cui si trovano le sue radici. Il perfezionismo ci fa avere paura di fiorire per paura di sbagliare.

Ma cosa possiamo fare quando sbagliamo?

PARTE DUE

Anche se la risposta può suonare assolutamente banale, la cosa migliore da fare è **calmarsi**. L'agitazione connessa all'errore rischia di non farci funzionare bene né emotivamente né cognitivamente. E, per calmarci, dobbiamo confortare la vergogna che proviamo, spesso più forte del dispiacere per aver sbagliato.

È qui che viene alla luce l'importante differenza tra autostima e *self compassion*. La nostra **autostima** si nutre di successi e si abbassa quando non riusciamo in qualcosa: è poco utile nelle difficoltà. L'autostima attiva la nostra modalità del fare, quella modalità – costituita da performance e obiettivi – che ci serve per raggiungere un risultato definito. La ***self compassion*** è invece un atteggiamento di cura che tratta con gentilezza il nostro dolore e la nostra difficoltà, riconoscendo che sono esperienze comuni a tutti gli esseri umani.

PARTE DUE

Quello di cui abbiamo bisogno per coltivare un atteggiamento aperto ed esplorativo verso l'esperienza non è tanto avere un'alta autostima quanto avere la capacità di confortarci e prenderci cura di noi quando, inevitabilmente, incontriamo delle difficoltà.

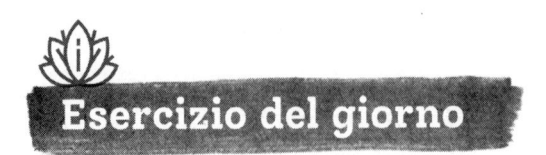

Esercizio del giorno

Oggi fai attenzione a cosa succede quando ti ritieni responsabile di qualcosa che non va. Sei capace di prenderti cura della tua difficoltà senza avere bisogno di scuse o giustificazioni?

LA STORIA DEI TRE GIACINTI

Ogni anno compro dei giacinti. Me li metto vicini e li guardo crescere. Sono veloci: passano in un attimo da essere due foglie verdi a essere tutti fioriti. Quest'anno ne avevo presi tre, due viola e uno rosa. Quello rosa cresceva molto più veloce degli altri due e così l'ho messo al centro del davanzale, un po' coperto dalla finestra, mentre gli altri due erano in piena luce. Il giacinto rosa ha continuato a crescere come un piccolo razzo, ogni giorno qualche centimetro e qualche fiore in più, ma mi ha fatto uno scherzetto: siccome non era esposto alla luce piena, a un certo punto ha iniziato a curvarsi verso la luce. Le piante lo fanno sempre: lui si

PARTE DUE

è piegato in un modo così strano da diventare un bellissimo fiore storto. Gli altri due sono bassotti e belli pieni, non hanno avuto bisogno di storcersi per avere la luce. Lui sì e, con intelligenza, ha cercato quello che gli mancava.

Anche noi siamo così: dentro di noi c'è una forza, una **spinta alla crescita** che ci fa cercare con intelligenza quello che ci manca. Ci fa trovare la soluzione anche se questo comporta una piccola imperfezione. Il giacinto rosa non si preoccupa di essere storto, non soffre di vergogna. È soddisfatto perché è cresciuto alto come un tulipano ed è pieno di fiori che raccontano la forza della sua vitalità. Senz'altro per lui l'essere storto è un dettaglio insignificante: l'importante era crescere.

Se non soffrissimo del giudizio che diamo a noi stessi, anche noi saremmo come il giacinto rosa: guarderemmo alla crescita più che alle nostre imperfezioni. Riconosceremmo la

PARTE DUE

nostra bellezza prima dei nostri difetti. Capiremmo che, spesso, questi ultimi sono la conseguenza di condizioni che non potevamo modificare.

Invece ci guardiamo con occhi severi, occhi che non riconoscono l'intelligenza del percorso che abbiamo svolto ma solo il fatto che il nostro stelo non è dritto. E magari proviamo vergogna per quella perfezione che avremmo desiderato e che non si è realizzata.

24

IL RILEVATORE DI DISCREPANZA E LE PAROLE DI PARAGONE

Per molti di noi i pensieri sono una voce interiore, una voce narrante. Ci raccontano qualcosa del nostro stato d'animo: fanno cambiare umore, distrarre o fantasticare.

PARTE DUE

Raramente ci accorgiamo che i nostri pensieri hanno un cardine attorno al quale ruotano, proprio come una porta: è quel cardine che cambia il nostro umore. Si tratta di un **perno comparativo** che ci fa continuamente misurare la distanza tra dove siamo e dove vorremmo essere. È il nostro personale rilevatore di discrepanza tra la realtà sicura – dove vorremmo vivere – e la realtà insicura – quella dove passiamo la maggior parte della vita.

Se facciamo attenzione possiamo riconoscere questo perno: sono avverbi o aggettivi comparativi (non sto scherzando, la nostra anima è molto sensibile alla grammatica!). In particolare sono coppie di paragone: "Migliore o peggiore?", "Prima o dopo?", "Dentro o fuori?" e così via. Riconoscere qual è il perno dei nostri pensieri è utile per tante ragioni, che ora proviamo a elencare.

PARTE DUE

- Spiega improvvisi e misteriosi
  cambiamenti d'umore.
  La mia performance è migliore?
  Sono felice.
  La mia performance è peggiore?
  Sono triste.

- Risuona nel corpo con una risposta
  muscolare. Voglio diventare migliore?
  Stringo la mandibola, serro le spalle,
  porto avanti la testa
  (giusto per fare qualche esempio).

- Costruisce spiegazioni:
  sono così perché lui è migliore di me,
  peggiore di me, più simpatico,
  meno simpatico.

- Poiché costruisce giudizi interni,
  spesso inconfessati, il perno
  dei nostri pensieri è insindacabile.

PARTE DUE

La consapevolezza modifica la porta d'ingresso retta da questi cardini, rendendo più semplice il passaggio tra la chiusura dei nostri pensieri e l'apertura della consapevolezza. Trasforma la porta blindata dei pensieri nella porta di un saloon: una porta dove è facile entrare e, soprattutto, dalla quale è facile uscire.

Non dobbiamo scacciare i pensieri, solo prenderli per quello che sono. I pensieri **non sono fatti ma suoni** prodotti dalla mente: alcuni armoniosi, altri confusi..

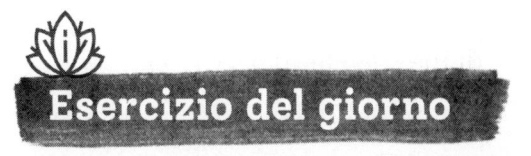

Esercizio del giorno

Oggi prova a fare attenzione a quante volte usi gli aggettivi "migliore" e "peggiore" per commentare qualcosa che è accaduto. Cerca di capire se collochi la tua esperienza sul versante "migliore" o sul versante "peggiore".

25

DIVENTARE FEDELI ALL'IMPARARE

La **paura di sbagliare** ci fa perdere la passione dell'imparare cose nuove. È infatti inevitabile sbagliare mentre impariamo qualcosa di nuovo. Così, più passa il tempo, e meno impariamo. Facciamo sempre le cose che ormai conosciamo bene proprio per evitare il rischio di cadere in errore. Spesso questa paura di sbagliare nasce dalla vergogna che siamo abituati a provare davanti agli errori, come se noi fossimo i soli a sbagliare, come se dovessimo nascere "già imparati". Oppure, a volte, evitiamo di metterci in situazioni nuove per evitare l'ansia che queste ci provocherebbero: in questo modo la nostra possibilità di imparare rimane schiacciata tra vergogna e ansia, e nessuna delle due è una buona compagnia.

In queste situazioni l'unica strada alternativa sembra essere quella di correre un rischio, rinunciando all'illusione di poter fare sempre la cosa migliore e avendo dalla nostra parte una grande consolazione: **possiamo imparare**. È così che diventiamo fedeli all'imparare: perché sappiamo che è il frutto potenziale di ogni azione. Se impariamo, niente sarà stato inutile.

Quando impariamo, il senso di padronanza che ne ricaviamo ci fa sentire bene, non solo per il piacere intellettuale di aver appreso, ma anche per la soddisfazione di averlo fatto, di esserci riusciti.

Quando imparare cammina accanto alla nostra paura di sbagliare, possiamo crescere.

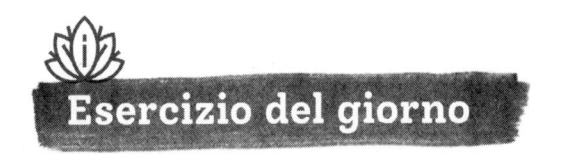

Esercizio del giorno

Quali sono le cose più importanti che hai imparato grazie ai tuoi errori?

«Vivi come se dovessi morire domani.
Impara come se dovessi vivere
per sempre.»

Mahatma Gandhi

26

L'ARTE DI SBAGLIARE E FARE PACE CON I PROPRI ERRORI

Se all'inizio siamo tolleranti verso gli errori, dopo un po' decidiamo che non dovremmo più sbagliare. Facciamo così con i bambini e anche con noi stessi. Anzi, a volte consideriamo gli errori una cosa da ragazzi, un atto di immaturità.

PARTE DUE

Confesso che amo i miei errori e che, spesso, li considero la parte migliore di me. Quella senza strategie, più autentica e sincera. Non credo che la vita e gli anni ci rendano esenti da errori: spero che mi renderanno più saggia e non più perfetta. La nostra rabbia e la nostra disapprovazione verso gli errori nascono proprio dall'idea che dovremmo essere perfetti e che dovremmo ricoprire un ruolo ideale.

Così mi sono chiesta come mai, malgrado sia così diffusa la passione per il "non sbagliare", tutti i romanzi, i film, le narrazioni ruotino attorno alla scoperta dell'errore. L'errore è il motore in *Edipo Re*, in *Orgoglio e pregiudizio* ma anche nel *Dr. House*. Cosa ci attrae nell'errore tanto da renderlo il protagonista occulto dei nostri pettegolezzi e delle grandi opere di narrativa?

Il fatto è che sbagliare – che ci piaccia o no – ci avvicina alla realtà e l'attimo del riconoscimento dell'errore è un **attimo di vera illuminazione**. Non si tratta del momento in cui gli altri ci vogliono convincere che abbiamo sbagliato – quello spesso è solo un momento di umiliazione – ma parlo proprio dell'attimo in cui vediamo, sentiamo, odoriamo con chiarezza dove e cosa abbiamo sbagliato. In quell'istante è come se tutto si aprisse, come se arrivasse un lampo di luce a illuminarci. Accade perché, proprio in quel momento di riconoscimento, diventiamo più grandi e sentiamo, nel corpo, la bellezza di quella crescita. Potranno anche esserci aspetti dolorosi ma senza quell'errore non saremmo cresciuti, non saremmo diventati chi siamo oggi.

Esercizio del giorno

Quali sono gli errori che ti hanno fatto crescere? Cosa hai provato nel momento in cui li hai riconosciuti? Cosa hanno cambiato di te? Hai lasciato che portassero saggezza o hai coperto i tuoi errori con la vergogna?

QUANDO LA MINDFULNESS INCONTRA LA SELF COMPASSION

Guardare alla realtà della nostra vita non sempre è facile. Significa, in una parola, smettere di evitare, incontrare gioia e dolore e tutto ciò che accompagna l'essere presenti. Uno spettacolo di arte varia che spesso, appunto, evitiamo grazie alle abitudini e al pilota automatico, sempre pronto a darci l'illusione di essere vivi.

Quando incontriamo la forza della verità, la mindfulness ha bisogno del sostegno gentile e delicato offerto dalla *self compassion*. Mindfulness e *self compassion* sono due ali che ci permettono di **volare tra gli alti e i bassi della vita**, accettando la realtà come base di partenza per qualsiasi cambiamento.

PARTE DUE

L'accettazione richiede una chiara visione del nostro panorama interno ed esterno. Se manca questa chiarezza, un velo di inquietudine rimane a impedirci di essere davvero presenti.

La compassione sostiene il processo di accettazione, ci aiuta a non entrare nel biasimo e nell'autocritica. Quando la compassione non ci soccorre, torniamo velocemente in superficie, alla barriera protettiva dei pensieri e delle fantasie. Se incontriamo invece l'ala della compassione, la visione si acuisce e rende più profonda la consapevolezza. Giungiamo così in quel luogo in cui essere consapevoli assume un senso: la nostra mente-cuore.

La chiara visione senza la compassione ci rende onesti ma crudeli. La compassione senza una chiara visione ci rende dolci ma confusi. Insieme declinano le molte sfaccettature della parola **amore**.

28

LA DIFFERENZA TRA ACCETTAZIONE E RASSEGNAZIONE

Accettazione e rassegnazione sono due atteggiamenti fondamentalmente diversi che vengono spesso confusi.

Accettazione significa prendere atto della situazione senza cercare di fare uscire dalla finestra qualcosa che è già dentro la nostra vita. Quando c'è qualcosa da accettare – in realtà – vuol dire che è troppo tardi per rifiutare. Dobbiamo accettare solo cose che già ci sono perché è un'illusione pensare che se le rifiutiamo spariranno o andranno meglio. Accettare non è un atto eroico: è puro e semplice realismo, è prendere contatto con la realtà. Non è invocare guai: è fare i conti con i guai che già abbiamo, senza chiamarne altri in causa. Accettare è anche un passaggio fondamentale della mindfulness perché lottare contro la realtà immutabile è una fonte di dolore e di stress destinata a non portare risultati. Per attivare qualsiasi cambiamento dobbiamo partire da dove siamo: ciò non significa rimanere nello stesso punto per sempre, ma ripartire da lì per recuperare le proprie energie, per sottrarle a una lotta inutile e indirizzarle verso qualcosa di costruttivo e vitale. Qualcosa di dinamico.

La **rassegnazione**, invece, è un atto totalmente statico. È credere che le cose rimarranno per sempre nello stesso modo, confondere l'accettazione con la sconfitta, pensare di poter decidere che il futuro sarà sempre uguale al passato. Si tratta di uno dei principali atti mentali portatori di depressione. È la rinuncia a percepire.

PARTE DUE

Niente di più diverso dall'accettazione che ci chiede, al contrario, di essere svegli, di farci vivi, di sentire momento per momento la nostra vita e di aprirle la porta. Quando accettiamo non chiudiamo fuori la realtà: la facciamo entrare, lasciamo che scompigli i nostri sentimenti. Lasciamo che tiri la manica del cuore, che svegli i buchi della nostra anima. L'accettazione ci fa risorgere dove la rassegnazione ci fa seppellire.

Abbiamo diritto all'accettazione: è l'unica possibilità che ci viene data per cambiare. Accettare vuol dire imparare dall'esperienza e lasciare che trasformi con saggezza la nostra vita e le nostre scelte. Rassegnarsi vuol dire smettere di imparare, ristagnare nel dolore e nella passività. Fatti viva o vivo, scegli l'accettazione!

Esercizio del giorno

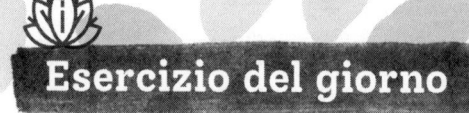

- Puoi distinguere tra le cose che hai accettato e quelle in cui ha vinto la rassegnazione?
- Come ti senti nel corpo quando accetti e come ti senti quando ti rassegni?

29

LASCIAR ESSERE E LASCIAR ANDARE OVVERO NON INTERFERIRE

Nel nostro affaccendarci quotidiano c'è il desiderio che le cose seguano un certo corso: quello che preferiamo.

Misurarsi con il lasciar andare è come tuffarsi: vincere la paura del vuoto, per spostare l'attenzione sull'incontro con l'acqua. Quel vuoto a volte fa paura, e così tratteniamo più a lungo qualcosa che ormai ha bisogno di fluire.

Se lasciar andare vuol dire vincere la paura del vuoto, lasciar essere è stata una vera rivoluzione per me: è **accettare di non intervenire**. Lasciare che le cose siano come sono, senza dover per forza offrire il mio attivo intervento. Questo è più che uno sguardo nel vuoto, è trovarmi di fronte al sorgere degli eventi e – anziché agire – osservare la mia reazione, conoscerla e lasciarla svanire.

Lasciar essere è una scuola. Non sarei chi sono se non avessi aperto questo spiraglio di osservazione: guardare ciò che accade senza intervenire per fare in modo che accada ciò che vorrei. In questo lasciar essere si apre, ogni volta, uno spazio di indagine totalmente nuovo: su di me, sugli altri, sulla vita e sul filo che sembra dipanarsi tra un evento e l'altro.

Esercizio del giorno

**Oggi guarda se puoi lasciare che le cose siano senza intervenire per modificarle.
Non potrai farlo sempre.
Inizia a farlo con i piccoli eventi
e osserva come questo ti fa sentire.**

PERMETTERE

Permettere è uno strano verbo: ci fa pensare che sia possibile scegliere, concedere o meno la nostra autorizzazione. Ma "permettere" potrebbe assumere una diversa sfumatura: prendere atto che qualcosa è già successo o che qualcosa sta già succedendo e fare i conti con cosa significa questo per noi. In fondo, possiamo davvero scegliere se permettere o meno ben poche cose. Quella radice – "permesso" – possiamo esercitarla in poche e ben definite situazioni.

Cosa succede quando permettere significa accettare? Quando qualcosa di indesiderato si affaccia con forza sulla nostra vita, riusciamo davvero a permettere nel senso di riconoscere e accettare? O iniziamo a lottare? La differenza sta tutta nella nostra accoglienza. Se iniziamo a lottare contro qualcosa che è già presente disperderemo energie in una lotta vana: non si cancella qualcosa di già accaduto. Se invece ci permettiamo di stare in contatto con ciò che significa tutto questo per noi, possiamo scoprire la differenza tra rispondere e reagire. E allora "permettere" sarà semplicemente fare spazio alla nostra vita, così com'è. Semplicemente perché è già così com'è.

Esercizio del giorno

Prova a capire se nella tua vita lasciar essere può diventare permettere.
Lasciar essere è non intervenire, permettere è accogliere qualcosa che è già presente.
È possibile farlo oggi, solo per un giorno?

PARTE TRE

IL NOSTRO MATRIMONIO CON IL TEMPO E LE PRATICHE DI ORDINARIA FELICITÀ

«Nel passaggio della giornata sta il nostro matrimonio con il tempo. Un matrimonio essenziale per la felicità alla quale aspiriamo. Da questo punto di vista, lo stress e la stanchezza sono il risultato della nostra infedeltà al matrimonio con il tempo.»

David White

PARTE TRE

Parlare di matrimonio è certamente difficile. Parlare di matrimonio con il tempo diventa quasi impossibile, almeno all'apparenza. Se poi questa è una metafora per parlare della nostra vita e, in particolare, dello stress nella nostra vita, può diventare quasi bizzarro. Eppure l'intenzione è proprio questa.

Lo stress è la nostra risposta, necessariamente flessibile, alle condizioni ambientali. Diventa foriera di malattia quando da acuta – ossia una risposta a un singolo evento stressante, che poi si attenua – diventa cronica.

PARTE TRE

Quello che conta non è eliminare lo stress – una missione peraltro impossibile – ma è, piuttosto, trovare una strada personale per vivere in armonia con il nostro ritmo. Un ritmo che rispetti i nostri bisogni e ci permetta di rimanere in relazione con le richieste dell'ambiente.

Un certo tipo di rapporto con il tempo può essere considerato uno dei segnali più tipici di stress: abbiamo sempre fretta e vorremmo delle giornate con 30 ore per fare tutto quello che abbiamo in mente. Questo senso di irrequietezza e velocità ci accompagna costantemente e si trasforma poi, improvvisamente, in torpore e senso di esaurimento.

PARTE TRE

Spesso affidiamo il nostro senso di identità alla capacità di raccogliere tutte le sfide che la vita ci propone finendo per farci inseguire dal tempo e dagli altri. **Cosa possiamo fare?** Per prima cosa dovremmo essere consapevoli di quanto spesso abbiamo pensieri sul passato, sul futuro, e pensieri di fuga: questo è un primo modo per prendere consapevolezza di quanto il tempo stia diventando un tema stressante della nostra vita. Senza questo primo passaggio e senza la constatazione di quanto la vita sia una sfida in cui pretendiamo troppo da noi stessi, sarà veramente difficile portare avanti il secondo passaggio, che è scegliere. Scegliere cosa fare e, soprattutto, quanto fare.

SCEGLIERE DI SENTIRE

Uno degli elementi base per poter davvero scegliere è sentire. Sentire i propri limiti, la propria stanchezza e la propria motivazione. Tutti noi abbiamo un desiderio che tende verso qualcosa di non ancora realizzato. Ma quante volte ci chiediamo se davvero quella realizzazione è alla nostra portata? Possiamo scegliere rispettando i nostri limiti, anche fisici, o dobbiamo necessariamente varcarli?

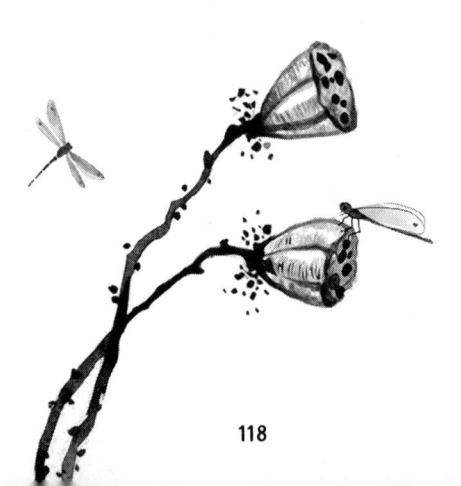

PARTE TRE

La fedeltà alla pratica di consapevolezza può aiutarci a dare una risposta a questa domanda. La nostra identità non dipende dall'accettare tutte le sfide che quotidianamente ci vengono rivolte.

Molto spesso la difficoltà di scegliere nasce dall'impaccio nel dire di no. Se è vero che per dire di no – o di sì – è necessario essere consapevoli, è anche vero che per dirlo abbiamo bisogno della capacità di esprimerci senza paura della reazione, del giudizio, della risposta, della delusione che ciò che stiamo dicendo può comportare nell'altro.

Spesso l'unico modo che abbiamo per dire di no è duro e tagliente e quindi **preferiamo dire sempre di sì**, fino a quando superiamo il limite di guardia. E quando ciò accade spesso diciamo di **no in modo esplosivo**.

PARTE TRE

Il piccolo no o sì quotidiano, quello che fa la differenza nella qualità delle nostre giornate e del nostro tempo, rimane troppo raro. Prendere consapevolezza di come avvengono le nostre comunicazioni può davvero farci "riacquistare tempo" e "riacquistare vita".

Essere consapevoli di aver evitato di dire no perché non lo sappiamo fare non è inutile. Ci dà la misura della nostra fedeltà o infedeltà al matrimonio con il tempo.

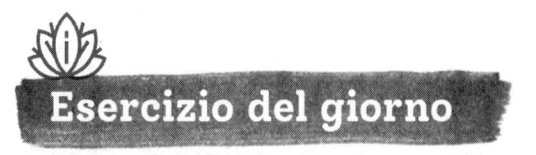

Esercizio del giorno

Puoi rivolgere la tua attenzione a quello che ti porta a dire di sì e a dire di no, proprio mentre lo fai?
Considera anche i modi impliciti di dire di sì e di no: spesso sono quelli che disegnano i confini del nostro impegno quotidiano.

32

RIEMPIRE OGNI MOMENTO

Alcuni dei momenti più critici del nostro matrimonio con il tempo sono gli spazi vuoti, spazi che finiamo per **riempire all'inverosimile**. Così, anche il tempo libero diventa una sorta di lavoro in cui esercitiamo un obbligo al divertimento che è lontano dal piacere di essere vivi. Se prestiamo attenzione agli impulsi che ci fanno riempire il tempo libero ancora più del tempo lavorativo, potremmo accorgerci che siamo sostanzialmente impegnati a distrarci, a combattere la noia, a riempire il tempo che, poi, ci manca come l'aria.

Che effetto farebbe lasciare del vuoto?

Forse inizierebbero a comparire le emozioni che abbiamo lungamente nascosto ed evitato. Forse potremmo finalmente esplorarle per riprenderci il tempo della nostra vita?

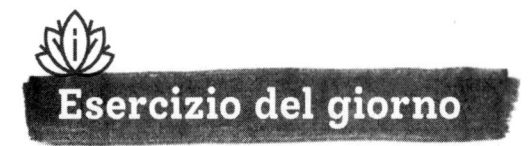

Esercizio del giorno

Quanto è forte la tua tendenza a riempire ogni spazio vuoto? Cosa provi quando, invece, non c'è più nulla da fare perché tutto è stato fatto o, più semplicemente, quando accetti la stanchezza?

«Per andare al sodo: anche se ci lamentiamo di non avere mai abbastanza tempo, può darsi che in realtà abbiamo paura di averne a disposizione. Forse abbiamo paura di quello che potrebbe accadere se non lo riempissimo, se smettessimo di interromperci e ci limitassimo a istallarci nel presente, anche solo per pochi attimi.»

Jon Kabat-Zinn

33

LO STRESS È COME IL SALE

Rendersi conto della presenza dello stress nella nostra vita non è solo un momento di crisi. È anche una grande **opportunità di cambiamento**. Un'opportunità che ci permette di scoprire che forse non c'è nessun luogo diverso in cui andare, bisogna semplicemente abitare con più agio il luogo in cui viviamo. Per poter essere felici non bisogna presumere di sapere prima di sperimentare, né pretendere di risolvere tutte le nostre problematiche.

PARTE TRE

Lo stress è come il sale. Se sciogliamo un cucchiaio di sale in un bicchiere d'acqua diventa imbevibile. Se lo sciogliamo in una vasca quasi non ce ne accorgiamo. Il sale rappresenta le difficoltà che, inevitabilmente, incontriamo. Chiaramente non possiamo pensare che il problema da eliminare sia veramente il sale: **le difficoltà sono inevitabili**. Il problema è la dimensione del contenitore.

Le nostre abituali modalità di risposta spesso sono causate da un contenitore ristretto, limitato, adatto agli impegni ordinari ma inadeguato quando succede un imprevisto o qualcosa che supera la nostra finestra di tolleranza. Più piccolo è il contenitore, più grande sarà l'esperienza di sofferenza.

PARTE TRE

A questo riguardo, quello che possiamo cambiare è lo spazio interno nel quale le difficoltà possono sciogliersi. In tal modo anche l'impatto che hanno su di noi può attenuarsi. La mindfulness offre la possibilità di guardare al contenitore della propria vita e restituirgli spaziosità, donandole il senso del vuoto e riportando l'attenzione alle cose semplici ed essenziali.

Potremmo chiamarlo **"sviluppare spazio"**. Sviluppare spazio è restituire attenzione al respiro, al presente, svuotarci delle cose inutili e comprendere che gioia e dolore sono elementi della ricchezza che ci circonda. Stare nel presente è il miglior modo per costruire un futuro che ci assomigli.

Esercizio del giorno

- Guarda quanto spesso sei consapevole della spaziosità dei luoghi che frequenti, del senso di spaziosità legato al respiro, della spaziosità dei movimenti che fai ogni giorno.
- Se guardassi l'itinerario della tua giornata dall'alto, quanto sarebbe ampio il tuo raggio di movimento?

34

NON RIMPICCIOLIRSI

Qualche anno fa, nel novembre del 1995, il violinista Itzhak Perlman si esibiva al Lincoln Center di New York. Perlman, a causa della poliomielite contratta da bambino, utilizzava dei rinforzi per le gambe e camminava a fatica con l'aiuto di due stampelle. Attraversare il palcoscenico e prepararsi a suonare, per lui, era già un compito arduo.

PARTE TRE

Quando iniziò a suonare, qualcosa andò storto. Una delle corde del violino si ruppe. La cosa più normale sarebbe stata interrompersi e cambiare violino, ma lui non lo fece. Chiuse gli occhi per un momento, e poi accennò al direttore d'orchestra di ricominciare da dove si erano fermati. Suonò con passione, purezza e potere forse mai visti prima in una sua esecuzione.

Tutti sanno che è impossibile suonare un brano sinfonico solo con tre corde. Io lo so, e voi lo sapete, ma quella notte Itzhak Perlman si rifiutò di saperlo. Modulò, cambiò, scompose il pezzo sinfonico nella sua testa per adattarlo a quella mutata situazione. Quando finì non ci fu un applauso, ma un'ovazione, alla quale lui rispose dicendo: «Sapete, talvolta è compito dell'artista scoprire quanta musica può ancora creare con ciò che gli è rimasto!».

Nella nostra vita ci ritroviamo spesso nella sua stessa condizione. I presupposti non sono i migliori, le cose non sono andate come previsto. Avremmo voluto qualcosa in più, o siamo convinti che ci sia qualcosa che ci ostacoli. Spesso il vero cambiamento non sta nell'aggiungere (o togliere) qualcosa, sta nel permettere che quello che c'è suoni nella nostra vita con tutta la passione, la purezza e il potere.

Le scuse e le giustificazioni rimpiccioliscono le nostre possibilità. Rimpiccioliscono noi. Sono le giustificazioni che ci rendono piccoli, non le condizioni di difficoltà che incontriamo.

La vita spesso ci offre un violino con tre corde che può essere una meravigliosa opportunità se noi non la rimpicciolamo, se non decidiamo a priori che cosa potremo o non potremo fare con quel violino. Dobbiamo provare a suonarlo con tutta la nostra **passione**: è decisamente compito nostro scoprire quanta musica possiamo creare con ciò che abbiamo a disposizione.

Esercizio del giorno

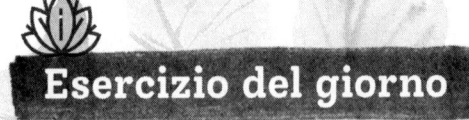

- Quali sono "le tre corde del tuo violino", ossia quali sono le condizioni che pensi limitino la tua vita?
- Puoi guardarle come opportunità per fare diversamente qualcosa che ami fare?
- Quanto spesso usi giustificazioni e scuse per non fare qualcosa?
- Quanto spesso eviti di agire quando dovresti farlo?

35

PAROLE SULLA STANCHEZZA E IL RIPOSO

Capita a tutti di essere stanchi. Non a caso molte vacanze nascono proprio come cura per la nostra stanchezza. Non tutte le forme di stanchezza hanno però la stessa origine e quindi non tutte hanno bisogno dello stesso tipo di riposo.

C'è la **stanchezza del corpo**: quando abbiamo fatto una corsa, uno sport o qualsiasi intensa attività fisica. È una stanchezza particolare perché si accompagna a una forma di gioia, quella muscolare. Siamo stanchi ma, paradossalmente, siamo felici. Ci siamo scaricati e, a volte, può bastare un riposo brevissimo per riprenderci, perché in realtà la stanchezza che abbiamo attraversato ci ha rigenerato.

C'è la **stanchezza della mente**: abbiamo la testa piena di pensieri che girano in continuazione. Si abbattono sugli occhi, appesantiscono la mascella, chiudono il cuore. È una stanchezza simile a un incantesimo – ci sembra che solo un miracolo possa farci uscire da lì – ed è una stanchezza per la quale è difficile trovare riposo. L'unica medicina è fare qualcosa di così impegnativo fisicamente da non riuscire a pensare. Corriamo più forte che possiamo, nuotiamo il più veloce possibile, con la speranza che i nostri pensieri siano più lenti di noi.

PARTE TRE

C'è la **stanchezza del cuore**: sembra scendere giù verso il diaframma, senza rete che la sostenga né speranza che la consoli. Nasce quando ci rendiamo conto della distanza che c'è tra i nostri sentimenti e la realtà dei sentimenti dell'altro. Si chiama aver amato invano, ma poiché l'amore non è mai sprecato, ha bisogno del riposo che nasce dall'aver conosciuto e compreso.

E poi c'è la **stanchezza dell'ambizione**, che domina il corpo. Lo spinge verso un risultato, verso un obiettivo e non ammette scuse o delazioni. È la stanchezza dell'ambizione che rende la nostra vita una corsa a tappe. Peccato che quando siamo arrivati abbiamo perso l'unica cosa per la quale vale davvero la pena vivere: l'esistenza quotidiana. Accettare di esistere è l'unica forma di riposo per questa stanchezza.

36

LA STANCHEZZA DEL CORPO

Ci sono tante ragioni per cui diventiamo irritabili. La stanchezza è una di queste. Siamo stanchi, avremmo bisogno di fermarci ma il padrone autoritario che dimora nella nostra testa e si chiama signor Volontà non ci concede ferie.

PARTE TRE

Allora ci arrabbiamo. Ci arrabbiamo perché la cassiera è lenta, l'ortolano scortese, il giornalaio distratto. Per non parlare poi della rabbia per la spazzatura che nessuno porta giù, per le tazze della colazione non lavate, il tubetto del dentifricio sempre aperto. Insomma, una rovina!

Mi domando come mai in queste situazioni **scegliamo la rabbia** anziché riconoscere che siamo stanchi, che abbiamo bisogno di "praticare pausa", che abbiamo bisogno di fermarci. Penso che riconoscere la stanchezza vorrebbe dire darla vinta al corpo e alle sue ragioni. Arrabbiarsi, invece, la dà vinta alla mente che, peraltro, ha sempre ragione. Così, oggi, perché non dare ragione al corpo? Ascoltarlo e non pensare che se è stanco è perché è capriccioso, che se ha fame è perché esagera, che se ha sonno è perché è pigro. Ascoltarlo non richiede tempo: richiede presenza. Non rendiamo la nostra stanchezza una millefoglie dove, al posto della crema pasticciera, mettiamo rabbia, irritazione, nervosismo.

Certo, penserai, e se il corpo mi chiede di rivoluzionare la mia vita perché non regge più la fatica, la responsabilità, la noia? Beh intanto ascoltalo. Senza ascolto non si può nemmeno dare una risposta: rispondere senza ascoltare non porta lontano. Inoltre, ascoltarlo non vuol dire ubbidirgli ma solo capire come stiamo. Ah, dimenticavo: a volte non siamo infelici, siamo solo stanchi!

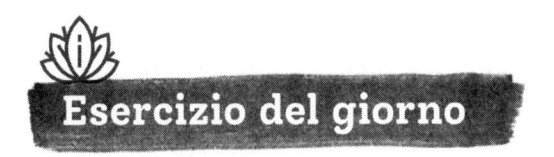

Esercizio del giorno

Puoi riconoscere e accettare la stanchezza del corpo? Riesci a prenderti una pausa di ristoro o lotti per non cedere al riposo?

«Le persone si pongono obiettivi irrealizzabili e poi sono in un costante stato di disperazione nel tentativo di raggiungerli.»

Alexander Lowen

LA STANCHEZZA DELLA MENTE

Nulla più dei pensieri stanca la mente. A stancarci non è tanto il pensare in sé e per sé – che è un'attività naturale –, quanto piuttosto la **proliferazione dei pensieri**. Il loro ritmo incessante e fuorviante.

PARTE TRE

Per riposare la mente proviamo a cambiare il nostro modo di entrare in relazione con i pensieri. Di solito iniziamo a dialogare con i pensieri aprendo una specie di contraddittorio che produce ancora più confusione, come se, in un mercato, decidessimo di parlare con l'altoparlante per farci ascoltare.

Se, invece, osserviamo i nostri pensieri, possiamo accorgerci che spesso rientrano in una di queste 5 categorie:

- pensieri positivi o negativi sul futuro;

- pensieri positivi o negativi sul passato;

- conversazioni immaginarie;

- pensieri legati a stimoli fisici, per esempio fame, sete, stanchezza, desideri ecc.;

- fantasie che danno una sensazione piacevole o fantasie di fuga.

Esercizio del giorno

- Oggi proviamo, almeno per tre volte, a osservare come sono i pensieri che attraversano la nostra mente: facciamolo per pochi minuti alla volta. Tre minuti possono essere sufficienti.

- Non giudichiamoli, ma semplicemente vediamo se rientrano in una delle cinque categorie elencate.

- Se riusciamo a riconoscerli, facciamo tutto quello che è necessario per attivare dei pensieri riflessivi, quelli che ci aiutano a essere pienamente noi stessi e pienamente presenti.

- Congratuliamoci per questo silenzioso impegno quotidiano!

38

LA STANCHEZZA DEL CUORE

Le mie giornate iniziano presto, vengo svegliata dalla consapevolezza che ci sono molte cose che mi aspettano e che sono obbligata a fare non da un'autorità esterna, bensì da un'autorità interna. Non so perché abbiano coniato la parola libero professionista: non c'è professionista meno libero di un freeance perché il nostro datore di lavoro è sempre con noi. Sempre pronto a ricordarci quello che aspetta di essere concluso, quello che avremmo dovuto aver già concluso e quello che è assolutamente necessario fare.

Questo *boss* interno non ammette tante distrazioni perché, vivendo dentro di noi, vuole essere sicuro di avere una **comoda sopravvivenza**. Lo fa con questi richiami interiori all'azione. Ciò non sempre è sbagliato: sono grata al capo interiore che mi richiama all'ordine; quando non lo fa, mi accorgo subito della differenza. A volte però sente solo le sue ragioni e si dimentica che oltre alla lista delle cose da fare c'è anche una vita da vivere. Preziosa, selvaggia e soprattutto unica.

PARTE TRE

Il problema – per usare una metafora – è il luogo dove ha l'ufficio il nostro *boss*. Il mio non sta nel cuore e nemmeno nella testa. Il cuore è grande e contiene la stanchezza: sente le emozioni che mi attraversano e anche quelle altrui. La mia testa funziona e produce pensieri che vanno anche nella direzione della libertà. Sono quindi arrivata alla conclusione che il suo ufficio stia **in mezzo all'anima**, la vera vittima della situazione, che si ritrova schiacciata e tenuta sotto controllo dalle cose da fare. La nostra anima vorrebbe invece perder tempo, per poi ritrovarlo. Io la nutro con la pratica mattutina, ma mi rendo conto che a volte è davvero poca cosa rispetto ai suoi bisogni. A volte le dedico giornate intere di pratica, cercando di mettere a tacere il *boss* con qualche promessa futura.

Esercizio del giorno

In mezzo alla lista delle cose da fare, prova a mettere una lista delle cose "per essere". Quegli attimi in cui lasci che la tua anima respiri, riprenda vita, ascolti il rumore del mondo senza essere spinta a prendere impegni.

La chiamo la "lista delle cose per vivere": pratiche informali di ordinaria felicità. Oggi nella mia lista ho messo:

- spazi di respiro;
- spazi di attesa;
- telefono staccato;
- attenzione;
- pazienza;
- gratitudine.

Da spalmare in mezzo all'agenda.

LA STANCHEZZA DELL'AMBIZIONE

L'**ambizione** è uno strano ingrediente nella nostra vita. Da una parte ci spinge a crescere e colora il desiderio di raggiungere le nostre migliori aspirazioni, dall'altra zittisce la stanchezza e le nostre proteste. Vuole assicurarsi che la asseconderemo.

PARTE TRE

Il prezzo da pagare per l'ambizione è che questa può distruggere il senso del miracolo, della novità, della sorpresa che viene dall'essere "veri viaggiatori". Ci conduce verso un orizzonte che abbiamo scelto ma può farci perdere le prospettive interessanti che sono comparse ai lati del nostro cammino. Proprio come quando viaggiamo: può essere utile avere una buona guida e decidere in anticipo cosa visitare, ma quanto è bello girovagare tra le strade di una città e scoprirla così?

L'ambizione richiede lo sforzo di arrivare a **un obiettivo che è più importante di noi**. Non ci permette di accettare qualche deviazione di rotta perché la etichetteremmo come interferenza. Non ci permette di cogliere la novità ma ci offre solo la ricompensa del risultato. L'ambizione richiede volontà e una costante applicazione di energia che, a volte, può portare fino all'esaurimento.

Esercizio del giorno

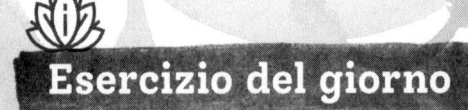

- Apprezza i traguardi – senza graduatoria – che hai raggiunto nella tua giornata, dai più grandi ai più piccoli.

- Prendi un respiro consapevole ogni volta che finisci di fare qualcosa, che sia la mail appena inviata o il messaggio su WhatsApp, la spesa sistemata nel frigo o la pasta appena cucinata.

- Onora la fine di ogni cosa per ricordare alla tua ambizione che esiste anche il senso della sazietà. Un senso che è il più nobile e utile nel darci dei confini.

40

LA BELLEZZA DEL TEMPO

In Giappone ci sono molte parole diverse per declinare **la relazione tra il passare del tempo e la bellezza**: *mono no aware* (l'emozione che suscita la bellezza), *wabi* (sommessa e austera bellezza), *sabi* (patina rustica), *shibusa* (bellezza che coniuga ruvidità e raffinatezza), *yūgen* (profondità misteriosa), *iki* (stile raffinato) e *kire* (taglio) sono alcune di queste parole, la maggior parte delle quali sono accomunate dalla nozione buddhista (in particolare zen) della transitorietà ed evanescenza della vita.

PARTE TRE

Mono no aware descrive la bellezza delle cose che svaniscono, oltre a indicare attenzione e ammirazione per ciò che mostra i segni dello scorrere del tempo e del suo fluire spontaneo nel corso irreversibile dei processi naturali. L'immagine associata a questa bellezza fragile, che cambia, è quella dei fiori di ciliegio, che durano solo una settimana per poi trasformarsi in quei meravigliosi frutti del desiderio che sono le ciliegie.

L'espressione **wabi sabi** invece indica l'accettazione della transitorietà e dell'imperfezione delle cose e si può tradurre come «introduzione, pausa, accelerazione»: significa che tutte le azioni compiute dovrebbero iniziare lentamente, accelerare, per poi finire rapidamente.

Spesso la vita ci porta ad accelerare. Imparare a rallentare è un'arte che ha bisogno di attenzione. Quando rallentiamo percepiamo di più l'incertezza delle cose e forse è per questo che, per sembrare più sicuri, andiamo sempre veloci.

Esercizio del giorno

- Oggi scegli di fare una delle tue attività abituali in modo rallentato.
- Decidi tu quanto vuoi rallentare: potrebbe essere semplicemente camminare con un passo lento.
- Cerca di portare l'attenzione al punto in cui decidi di riprendere velocità e guarda se, in quel momento, c'è un'emozione che ti spinge a correre.
- Rallentare non è facile: non chiederti di farlo per più di 5 minuti.
- Scoprirai che rallentare dilata non solo il tempo ma anche lo spazio e che il senso di oppressione che spesso proviamo è un effetto, secondario e collaterale, della velocità.

41

GLI STEREOTIPI LEGATI ALL'ETÀ E LA FELICITÀ

La consapevolezza del tempo che passa e ci trasforma è piena di stereotipi. Il primo e più resistente dice che **invecchiare significa sempre e comunque perdere**. Lo Stanford Center on Longevity ha dimostrato che questo non è vero. O meglio, è vero in una maniera sorprendente. La curva della felicità – intendendo come felicità il benessere soggettivamente percepito – tende a diminuire man mano che ci avviciniamo ai 50 anni e – con grande sorpresa – dopo i 50 anni inizia a risalire per assestarsi su valori simili e superiori a quelli dell'ingresso nell'età adulta.

Come mai? Perché dai 30 ai 50 lottiamo per avere successo, siamo nel pieno dell'attività produttiva e incontriamo le difficoltà relative al raggiungimento dei nostri obiettivi, vivendo in una costante competizione che toglie sapore alle giornate, troppo occupate dalla fretta di concludere qualcosa. Una lotta che fa diminuire vertiginosamente la nostra felicità.

La cosa interessante è che questa curva discendente non è dovuta a fatti reali ma alla cosiddetta **"spirale dell'insoddisfazione"**, quella sensazione innescata da qualcosa che non è andato secondo i nostri piani e che trascina con sé, come in un vortice, tutta una serie di aspetti collegati. Insomma, l'insoddisfazione che sperimentiamo nella fascia 30-50 si autoalimenta e, in alcuni casi, vive di vita propria: più siamo scontenti più diventiamo scontenti. In parte questa scontentezza può servire da spinta per realizzare i nostri obiettivi, ma non possiamo certo dire che ci renda felici. Lo stereotipo "giovani e felici" è vero fino ai 20 anni: dopo lo è molto molto meno.

A 50 anni, invece, iniziamo a gustarci i risultati degli anni precedenti e ad accettare che abbiamo fatto quello che era possibile fare. Usciamo dalla corsa e iniziamo ad assaporare ciò che abbiamo realizzato e a usare più saggiamente le nostre energie.

Esercizio del giorno

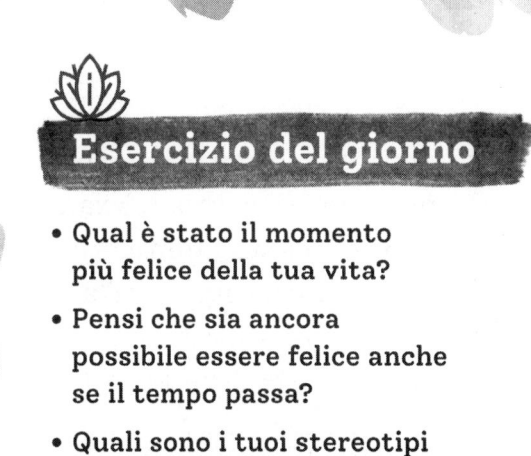

- Qual è stato il momento più felice della tua vita?
- Pensi che sia ancora possibile essere felice anche se il tempo passa?
- Quali sono i tuoi stereotipi rispetto all'invecchiamento?

IL PASSARE DEL TEMPO E LA SERENITÀ

Cos'è che ci può rendere sereni? Una delle cose più importanti è **avere uno scopo che riteniamo significativo e un interesse che mantenga viva la nostra curiosità**. Come farlo? Andrea Brandt, psicologa americana esperta nei processi d'invecchiamento, suggerisce tre passi fondamentali che condivido:

PARTE TRE

◎ 1 ◎

Creare uno stato mentale
che permetta di non negare i problemi
ma nemmeno di vedere solo quelli.

Una **positività realistica** lontana sia dal vedere tutto rosa che dal vedere tutto nero. Si tratta piuttosto di un modo per declinare uno dei capisaldi della mindfulness – l'accettazione – tenendo l'attenzione focalizzata su ciò che amiamo. Solo quando avremo pienamente riconosciuto la realtà della situazione, includendo anche i pensieri e le emozioni che proviamo al riguardo, saremo pronti per un effettivo cambiamento. I due capisaldi della mindfulness – accettazione e non giudizio – ci aiutano con un semplice esercizio: cercare di essere presenti in quello che facciamo nel momento in cui lo facciamo, senza correre troppo avanti e senza andare a ripensare a cosa avremmo potuto fare di diverso in passato.

PARTE TRE

༄ 2 ༄

Lasciar andare quello che
non ci serve più.

Le emozioni sono una risposta naturale agli eventi della vita. Se questi eventi sono traumatici potremmo ristagnare troppo a lungo nella rimuginazione. L'invito della mindfulness è quello di imparare a lasciar andare per ancorarci al momento presente. Non è una negazione del passato: è **la scelta di lasciar andare**. Lo strumento più immediato per fare ciò è sviluppare la capacità di confortarci. L'altro, meno immediato e più basilare, è imparare a riconoscere le nostre emozioni e a distinguerle dai nostri pensieri. Come diceva Mark Twain: «Nella mia vita ho vissuto le peggiori tragedie, molte delle quali non sono mai avvenute».

PARTE TRE

◎ 3 ◎

Sognare di fare qualcosa di nuovo ma soprattutto **fare qualcosa di nuovo**.

Vanderbilt costruì la prima linea ferroviaria a 70 anni, Picasso dipinse *Guernica* a 56, Locke scrisse la sua opera filosofica più importante attorno ai 60 anni e Tolkien aveva 62 anni quando pubblicò *Il signore degli anelli*. Come possiamo fare la stessa cosa? Chiedendoci: "Sto vivendo la vita che vorrei? Cosa è più importante per me? Chi è più importante per me?". Alla fine, a dire la verità, aveva ragione Jep Gambardella, il protagonista del film *La grande bellezza*: «La più consistente scoperta che ho fatto pochi giorni dopo aver compiuto sessantacinque anni è che non posso più perdere tempo a fare cose che non mi va di fare».

LE CONVINZIONI ERRATE SULLA FELICITÀ

Forse incomincerà ad apparirti evidente che tutto gira attorno al tema della felicità: non una felicità episodica e straordinaria ma un modo di essere felice nelle cose comuni, nella vita quotidiana. Non si tratta di essere felici perché cambiamo vita – evento spesso impossibile – ma perché iniziamo a trovare un modo diverso e più saggio di stare nella vita che abbiamo, scendendo a patti con il cambiamento, con il passare del tempo, con l'incertezza e non solo costruendoci un'illusione di sicurezza, perfezione e giovinezza.

Il punto è che abbiamo **molte convinzioni insensate sulla felicità**, che creano un circolo vizioso nel quale più cerchiamo di trovare la felicità, più soffriamo.

La **prima** convinzione sbagliata è che per sopravvivere sia importante fare attenzione a tutte le minacce. Sicuramente questa convinzione ha permesso l'evoluzione della specie ma ci mette in una continua condizione di lotta: trascorriamo molto tempo a preoccuparci di cose che non accadranno mai.

La **seconda** convinzione riguarda l'appartenenza a un gruppo. La nostra socialità è cambiata e oggi i gruppi di appartenenza non sono più solo gruppi reali ma anche virtuali. Per continuare a sentirci parte di un gruppo sappiamo che è necessario mantenerci all'altezza degli standard di quel gruppo. Niente di strano se impegniamo così tanta energia e così tanto tempo nel tentativo di piacere agli altri. Per gli uomini primitivi questo confronto era abbastanza semplice e rudimentale. Per noi no: dobbiamo confrontarci con un ideale di noi già altissimo e con ideali presentati mediaticamente altrettanto alti. Ci confrontiamo con i nostri amici reali e virtuali e ne usciamo perdenti con grande facilità. L'evoluzione ha modellato il nostro cervello in un modo che, psicologicamente, ci fa soffrire: confrontarci, valutarci, criticarci sarà uno stimolo al miglioramento ma è anche una tortura quotidiana.

PARTE TRE

La parola felicità ha due significati diversi. Quello comune è **"sentirsi bene"** e sappiamo tutti come questa sensazione sia volubile: più cerchiamo di stare bene a lungo e più incontriamo ostacoli e difficoltà. L'altro significato della parola felicità è **"vivere una vita ricca di significato"**, in accordo con i nostri valori. Questa non è una sensazione fugace, è piuttosto una sensazione duratura che possiamo coltivare e costruire. Quindi, quando parliamo di felicità, qual è la felicità a cui stiamo pensando? Rispondere a questa domanda è importante perché, se pensiamo alla prima accezione della parola, è meglio essere preparati al fatto che si tratta di una felicità leggera come una piuma. L'altra felicità, invece, è leggera come un uccello che sa scegliere la direzione nella quale andare.

44

LA TRAPPOLA DELLA FELICITÀ

Una volta che ci siamo confrontati con le nostre convinzioni errate sulla felicità, c'è ancora una prova da superare: dobbiamo incontrare quattro **falsi miti** che, come draghi, custodiscono il tesoro dell'ordinaria felicità che andiamo cercando.

Ecco i quattro miti:

- la felicità è la condizione naturale di tutti gli esseri umani;
- se non sei felice vuol dire che c'è qualcosa che non va;
- per avere una vita migliore bisogna sbarazzarsi dei sentimenti negativi;
- dovresti saper controllare quello che pensi e che provi.

Affronteremo questi falsi miti, uno per uno.

45

FALSO MITO 1:
LA FELICITÀ È LA CONDIZIONE NATURALE DI TUTTI GLI ESSERI UMANI

Le statistiche sulla depressione non concordano con questo dato: anzi, lo contraddicono. Le probabilità che prima o poi una qualsiasi persona soffra di un disturbo emotivo sono del 30%: non possiamo pensare che quelle tre persone su dieci che non stanno bene siano sbagliate. Se a questi dati relativi alla patologia psichica aggiungiamo i comuni guai (separazioni, problemi lavorativi, problemi di salute ecc.), la percentuale sale vertiginosamente al 50-60%. Insomma possiamo cominciare a dire che la felicità non è un'epidemia. E tutto questo accentuare l'importanza della felicità – che diventa sinonimo di successo – è davvero irrealistico.

FALSO MITO 2:
SE NON SEI FELICE VUOL DIRE CHE C'È QUALCOSA CHE NON VA

È una diretta conseguenza della convinzione precedente. Se la felicità è normale, l'infelicità è una malattia.

Così mi capita ogni giorno di assistere al paradosso per cui una persona, oltre ad avere un problema, dovrebbe anche sentirsi in difetto perché non è felice. Sono questi processi di pensiero di una mente sana che conducono alla sofferenza psicologica.

Quindi tutti tranquilli: non è colpa nostra se non siamo felici. Succede, non siamo difettosi. È la normale alternanza di gioia e dolore, guadagno e perdita, lode e biasimo a cui siamo tutti sottoposti.

FALSO MITO 3:
PER AVERE UNA VITA MIGLIORE BISOGNA SBARAZZARSI DEI SENTIMENTI NEGATIVI

Pensare che, per essere felici, sia sufficiente sbarazzarsi dei sentimenti negativi è un'illusione. La nostra vita implica sia emozioni piacevoli che spiacevoli: non possiamo eliminare una parte a vantaggio dell'altra, sarebbe come pensare di correre più veloci con una gamba sola. Tutto quello che ci dà gioia prima o poi potrebbe darci dolore e quello che oggi produce dolore domani potrebbe essere una gioia. Starsene in casa a studiare mentre gli altri giocano fuori può essere spiacevole, eppure potrebbe condurre a risultati molto positivi anche in termini di qualità della vita.

FALSO MITO 4:
DOVRESTI SAPER CONTROLLARE QUELLO CHE PENSI E CHE PROVI

Possiamo controllare molte cose: peccato però che non sia possibile controllare il sorgere delle emozioni e dei pensieri. Il vantaggio è che, invece, possiamo avere padronanza sulle nostre azioni e scegliere di non seguire tutti i nostri impulsi. Il cambiamento sta tutto qui: **nel fare diversamente**. È questo fare diversamente che produce poi emozioni e pensieri diversi. Padroneggiare le nostre scelte ci consente di essere padroni dei nostri impulsi.

Pensieri ed emozioni vanno e vengono a seconda del nostro umore. L'umore cat-

PARTE TRE

tivo trattiene più a lungo le emozioni negative e le richiama, le attira come una calamita dimostrando così che una giornata iniziata male ha molte probabilità di finire peggio.

Cosa fare in questi casi? Rinunciare alla felicità non è una prospettiva attraente. Forse possiamo iniziare a **coltivare strategie di ordinaria felicità quotidiana**, come quelle suggerite in questo libro.

Sono azioni che nutrono le nostre parti migliori senza combattere le parti peggiori: farlo finirebbe solo per energizzarle. Scegliamo, invece, di dare energia a ciò che ci rende felici.

LA FELICITÀ NON VIENE SERVITA SU UN PIATTO D'ARGENTO

Per essere felici, ormai l'abbiamo capito, dobbiamo chiederci che cos'è per noi la felicità e darci gli strumenti per coltivarla, a prescindere dalle circostanze esterne. Tutti noi abbiamo questa capacità di esplorazione e di giusta risposta, basta darcene l'opportunità.

PARTE TRE

Il nostro lavoro quindi consiste nel prestare attenzione a quando sorge la felicità e nel rimuovere gli ostacoli interiori che incontriamo, perché quelli esterni spesso non sono modificabili.

Possiamo provare felicità se nella nostra vita proviamo anche sentimenti di infelicità? Sì, possiamo.

C'è una storia che mi piace molto. È la storia dell'uomo che cercava le chiavi sotto un lampione nel buio della notte. Un passante si offrì di aiutarlo e iniziarono a perlustrare insieme il cono di luce del lampione fino ai bordi dell'oscurità. Alla fine, il passante chiese all'uomo dove avesse perduto le chiavi esattamente e l'uomo indicò un punto nel buio piuttosto lontano dal lampione. «Ma, scusi, perché allora le cerca qui?» «Perché qui c'è la luce!» Ecco, con la felicità rischiamo di fare la stessa cosa: non la cerchiamo dove l'abbiamo perduta ma dove ci sarebbe più facile vederla. L'invito è, invece, a domandarsi dov'è veramente nascosta. Scopriremo che anche nei momenti più difficili può aprirsi uno spiraglio di felicità.

La felicità è timida: vuole essere sicura che la desideriamo davvero e sa che noi potremmo oscurarla con comportamenti distruttivi o ignorarla confondendola con il successo o con uno dei suoi surrogati. Quella bella ragazza della felicità richiede un'attenzione gentile. In cambio ci darà altrettante attenzione e gentilezza e non ci tradirà mai sposando qualcun altro!

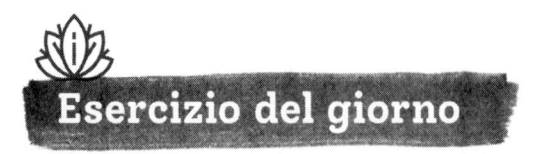

Esercizio del giorno

Chiediti:
"Dov'è in questo momento la mia felicità?".
Farsi questa domanda è necessario
perché nei momenti difficili è possibile
perdere il filo della felicità.

50

COLTIVARE LA RADICE DELLA FELICITÀ: IL NASCONDIGLIO DELLA GIOIA

Il senso di meraviglia e di gioia è presente in ogni istante, in ogni respiro, in ogni passo, e in ogni gesto.

L'ostacolo maggiore all'entrare in contatto con la gioia è costituito dal **risentimento**.

PARTE TRE

Nutrire risentimento nei confronti di quello che ci accade e lamentarci della nostra vita è come rifiutarci di sentire la frescura dell'aria al mattino o il profumo dei fiori in primavera o il gioco degli stormi nell'aria della sera.

Sappiamo che esiste il dolore, ma questo non annulla mai la possibilità di provare anche gratitudine e gioia: solo una mente piena di risentimento può farci prendere un abbaglio del genere. Possiamo essere così presi dalle nostre sofferenze e preoccupazioni da non renderci conto che si è alzato il vento. **Risentimento, amarezza e rancore ci impediscono di vedere, ascoltare, toccare.** Ci impediscono di essere felici. Non sono gli eventi dolorosi accaduti che ci tolgono felicità: ce la toglie la nostra pretesa di sentirci risentiti fino a che non saremo vendicati.

PARTE TRE

Forse conosci anche tu la storia zen della donna inseguita dalle tigri, che si fanno sempre più vicine, fino a che la donna arriva al ciglio di un dirupo e vede alcune liane. Si aggrappa a una di esse e si cala giù. Guarda in basso e si accorge che ci sono altre tigri ad attenderla. Poi vede un topo che sta rosicchiando la liana alla quale è appesa. In quel momento si accorge che ci sono delle fragole che spuntano da un cespuglio d'erba. Ne sente l'odore, ne apprezza il colore, rosso vivido. Guarda su, guarda giù, guarda il topo. Infine prende una fragola e la porta alla bocca con intenso piacere.

Tigri sopra, tigri sotto: è la nostra condizione di sempre. Ogni attimo è solo quello che è: potrebbe essere l'unico attimo della nostra vita, potrebbe essere l'unica fragola che mangeremo in tutta la vita. Possiamo farci deprimere da questo dato, oppure possiamo finalmente apprezzarlo e rimanere incantati di fronte al **valore inestimabile di ogni singolo istante di esistenza**.

Esercizio del giorno

- Ciascuno di noi ha, nel proprio cuore, un nascondiglio della gioia. La gioia infatti sgorga da questo nascondiglio. Non sappiamo perché sia nascosta: forse sono i dolori che abbiamo provato che l'hanno fatta andare in profondità, oppure la teniamo al riparo dall'incertezza del quotidiano.

- In ogni caso mettendoci in contatto con la gioia e lasciandola fiorire permettiamo a noi stessi di onorare la nostra vita.

- Fai ogni sera un diario mentale dei momenti di gioia, da quelli piccolissimi a quelli più grandi.

IL SUCCESSO E LA FELICITÀ

Qualche anno fa, ad Harvard, si iniziò a tenere un corso sulla felicità. Era un'idea sperimentale e Shawn Achor non avrebbe mai pensato di avere molti iscritti, visto che ad Harvard "si studia seriamente" e gli studenti scelgono corsi che possano avere un impatto positivo sulla loro futura professione. Eppure si iscrissero in tantissimi e il corso è diventato un format esportato anche nelle aziende.

Ciò non è successo solo perché a tutti interessa la felicità, ma anche perché gli ideatori centrarono un punto essenziale: è avere successo che rende felici oppure se si è felici si ha più successo?

La risposta – contrariamente a quello che potremmo credere – è che la felicità, intesa come stato emotivo positivo soggettivamente definito, non è la conseguenza del successo: al contrario, è uno degli elementi che predispone al successo. Così, coltivare la felicità è uno dei modi per rendere la propria vita più ricca e creativa. Come fare?

Il programma di Harvard sottolinea sette elementi da tenere presenti. Vediamo insieme quali sono.

- **Meditare.** Moltissime ricerche hanno dimostrato che la mindfulness non solo migliora il tono dell'umore ma produce un cambiamento duraturo a livello della corteccia prefrontale sinistra (la parte del cervello responsabile della percezione degli stati mentali positivi). Per ottenere questi risultati – per strano che possa sembrare – non servono lunghe sessioni di meditazione: 5 minuti di pratica quotidiana sono sufficienti. La mente vaga spesso – e la distrazione attiva pensieri legati alla ruminazione mentale e alla preoccupazione – ma tornare al respiro è sufficiente. Mille volte vaghiamo, mille volte torniamo al respiro.

- **Saper aspettare.** Il momento in cui si registra un picco di endorfine è quando aspettiamo di fare un'attività piacevole. Una vita ricca di soddisfazioni immediate abbassa il livello di endorfine e, alla fine, conduce più alla noia che alla felicità. Programmare qualcosa che desideriamo e che dobbiamo aspettare ci rende, nell'attesa, impazienti ma più felici perché attendere ricompense future attiva i centri del piacere del cervello tanto quanto la stessa ricompensa positiva, una volta ottenuta.

- **Essere gentili.** Gli atti di altruismo fanno diminuire lo stress e migliorano la salute mentale. Sonja Lyubomirsky, autrice di *The How of Happiness*, ha scoperto che persone a cui era stato detto di fare cinque atti di gentilezza al giorno erano, alla fine della giornata, più soggettivamente felici di persone (anch'esse appartenenti a dei gruppi di controllo dello stesso esperimento) che non avevano avuto questa indicazione. Provare per credere, ma l'intenzionalità è fondamentale. Non vale ripensare alla sera a quanti atti di gentilezza abbiamo fatto durante il giorno, vale scegliere intenzionalmente di fare cinque atti di gentilezza di cui siamo consapevoli nel momento stesso in cui li facciamo.

- **Non lamentarsi.** Lamentarsi, sottolineare quello che non va, è deleterio. Trasmettere emozioni positive aiuta: vedere in ogni situazione l'aspetto positivo ci rende più pronti a vederne altri similmente positivi e mette i nostri interlocutori in un diverso stato d'animo.

- **Fare attività fisica.** L'esercizio fisico innesca la produzione di endorfine che inducono una sensazione di benessere, riducono l'ansia e lo stress e liberano la mente. L'attività fisica quindi non si limita a giovare al nostro corpo: migliora l'umore e diminuisce l'ansia.

- **Spendere soldi, ma non per comprare cose.** Le emozioni che otteniamo da oggetti materiali sono effimere e frustranti, mentre spendere soldi per condividere con altri emozioni positive rafforza i legami sociali e genera emozioni positive più durature. Spendere per concerti, cene con amici, viaggi di piacere offre emozioni positive più stabili dell'acquisto di una borsa costosa. La stessa cosa vale per la spesa prosociale, ossia per le donazioni liberali a enti e associazioni filantropiche.

- **Fare quello che sappiamo fare.** Ognuno di noi sa fare bene qualcosa: ogni volta che usiamo una nostra abilità sperimentiamo un'esplosione di positività.

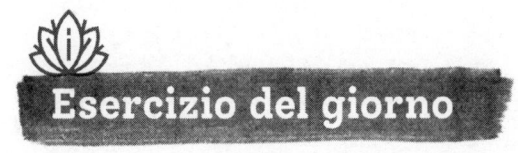

Esercizio del giorno

Scegli uno di questi sette elementi e mettilo in pratica: è un contributo alla prosperità!

«L'anima la si ha ogni tanto.
Nessuno la ha di continuo
e per sempre.

Giorno dopo giorno,
anno dopo anno
possono passare senza di lei.

A volte
nidifica un po' più a lungo
solo in estasi e paure dell'infanzia.
A volte solo nello stupore
dell'essere vecchi.

Di rado ci dà una mano
in occupazioni faticose,
come spostare mobili,
portare valigie
o percorrere le strade con scarpe strette.»

Qualche parola sull'anima,
Wisława Szymborska

PARTE QUATTRO

STRUMENTI DI MANUTENZIONE DELL'ANIMA

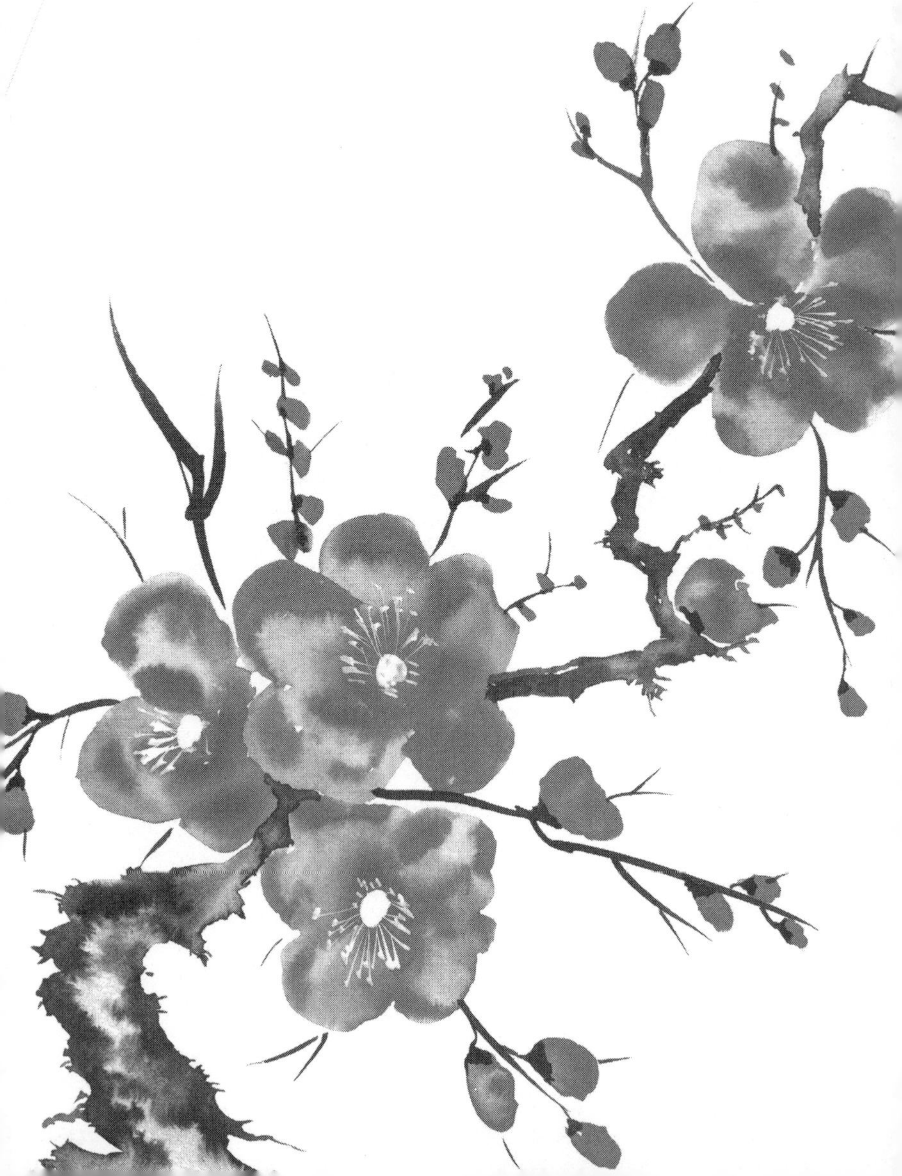

PARTE QUATTRO

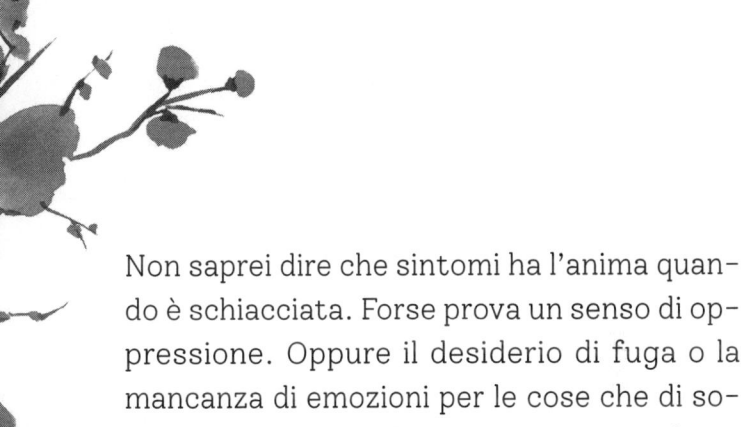

Non saprei dire che sintomi ha l'anima quando è schiacciata. Forse prova un senso di oppressione. Oppure il desiderio di fuga o la mancanza di emozioni per le cose che di solito amiamo molto. Io mi sono accorta che, a un certo punto, tutto mi sembrava senza sapore. Più mi sembrava senza sapore e più mi impegnavo per dargli sapore, ma non funzionava. Rimaneva solo una grande stanchezza. Allora ho capito che era proprio quell'impegnarmi a oltranza che rendeva le cose ancora più complicate. Credo che ognuno di noi sappia che impegnarsi è bene ma sforzarsi non è meglio, eppure ce lo dimentichiamo, rendendo le nostre giornate una lunga lista di compiti da svolgere che fa appassire la nostra anima. Diventiamo, come dice il filosofo sudcoreano Byung-Chul Han, una società tutta tesa a produrre una prestazione che porta, alla fine, a un infarto dell'anima.

PARTE QUATTRO

Un infarto non registrabile con strumenti medici: ce ne accorgiamo per la stanchezza senza tregua che proviamo, una stanchezza che divide anziché unire. Tutto diventa autocentrato, sia nella gioia che nel dolore e in questa stanchezza che divide perdiamo la gentilezza e l'attenzione verso gli altri. Diventano allora indispensabili pochi, semplici accorgimenti per la manutenzione dell'anima. Non per farla lavorare di più, ma per premiarla con pratiche che le consentano di respirare.

LA FIDUCIA DI NON AGIRE

C'è una **sottile relazione tra fiducia e non-agire**: non agire significa, essenzialmente, osservare quello che accade senza trasformarlo in azione. Senza intervenire o interferire.

PARTE QUATTRO

Maggiore è la fiducia che abbiamo nel processo che si sta svolgendo, più facile sarà osservare senza intervenire. Credere che non occorra nient'altro perché questo momento sia completo offre uno spazio di fioritura del momento presente che può portare sorprendenti sviluppi.

Se invece temiamo quello che può accadere, ogni spinta all'azione sarà una ragione sufficiente per intervenire e interferire. Ecco il sottile legame tra fiducia, fioritura del momento presente e non-azione. È un modo diverso per dire che l'immobilità è il più grande dei movimenti e che la più grande delle azioni è quella che nasce dalla non-azione, quando abbiamo lasciato passare sufficiente tempo affinché lo svolgersi del momento presente esprima la nostra saggezza e non la nostra reattività.

Così, come per i gabbiani, ci sono momenti in cui dobbiamo volare e altri in cui possiamo lasciarci trasportare dal gioco delle correnti, lasciare che sia l'aria stessa a sorreggerci e portarci altrove. E, come i gabbiani, gioire soddisfatti delle novità che ci porta la corrente. Nessuna delle due azioni può essere scambiata con l'altra: il volare non può essere sostituito dal lasciarsi trasportare e viceversa. È la fioritura del presente che ci permette di discernere quando lasciarci trasportare e quando agire.

Usciamo così dalla **tendenza allo sforzo,** per entrare nel **fluire delle cose**. Usciamo dalla pretesa di sapere come andrebbe vissuta la vita, per entrare nel rispetto di come le cose si sviluppano. Onoriamo – senza correzioni – la saggezza di quello che sta accadendo, perché nessuno stabilisce norme, salvo la vita.

IL PARADOSSO DEL NON-AGIRE

Amo muovermi. Forse mi definirei addirittura sportiva, anche se non competitiva. Così, quando ho iniziato a praticare, la prima difficoltà che ho incontrato è stato rimanere ferma. Non solo nella mente e nel corpo ma anche nell'osservare la mia tendenza ad agire, a volte compulsivamente.

PARTE QUATTRO

Nel tempo – a tutto questo movimento sotterraneo – si aggiungevano progressive sfumature di quiete e di non-azione. La non-azione che si sperimenta nella pratica è, in un certo senso, molto attiva. Si esplora quello che emerge, si inizia a capire come funzioniamo e si dedica piena attenzione alla fioritura del momento presente. Così quella non-azione comporta, da un certo punto di vista, un sacco di lavoro. Comporta una discesa nell'intimità con sé stessi.

Potremmo dire che in ogni momento in cui siamo "intimi" con quello che accade – non importa se i nostri occhi sono aperti o chiusi – stiamo praticando mindfulness nel modo più semplice possibile. In questa pratica non interferiamo con la nostra volontà ma disponiamo la nostra presenza, che non è mai neutra, anche se può essere equanime. Non preferiamo che le cose vadano in una direzione piuttosto che in un'altra perché non possiamo sapere prima cosa sia meglio.

PARTE QUATTRO

«Occorrono grande coraggio ed energia per coltivare il non-agire sia nello stato di quiete sia di attività. Non agire significa semplicemente lasciare che le cose seguano il proprio corso e si svolgano a loro modo.»

Jon Kabat-Zinn

54

L'INTIMITÀ È UN ATTO SIMMETRICO

Non possiamo rinunciare all'intimità con noi senza che questo comporti anche una rinuncia all'intimità con gli altri. Ecco perché l'eccesso di prestazione provoca una stanchezza che divide: perché ci toglie intimità con noi stessi e, indipendentemente dalla nostra volontà, anche con gli altri.

PARTE QUATTRO

Abbiamo bisogno di un barlume di intimità per entrare in relazione con gli altri e con noi stessi. Questo filo di intimità non comporta rivelare fatti personali, ma mostrare quell'aspetto in continuo movimento che è **il nostro Sé in divenire**. L'invito all'intimità è un invito a stare nella mutevolezza. Possiamo gioire del contatto e dopo un minuto desiderare distanza. Possiamo desiderare la solitudine e poi sentire il bisogno di compagnia.

I nostri ruoli sono statici, a volte rimangono fissi come un fermo immagine, ma l'intimità è dinamica ed è fondamentale per entrare in relazione con noi e con l'esperienza.

Quando ci identifichiamo troppo con un ruolo riduciamo la nostra capacità di fare scelte consapevoli: prendiamo le decisioni che riteniamo adeguate per quel ruolo, anche se potrebbero esserci molto estranee. Mi è capitato di vedere coppie sposate che si sono separate nel momento in cui i figli sono diventati grandi: non erano neanche certi che il loro matrimonio fosse davvero fallito, ma avevano rinunciato a una parte così grande della loro vita per ricoprire il ruolo di genitori che la separazione sembrava loro l'unica soluzione per riprendersi sé stessi.

I ruoli fanno quest'effetto: sacrifichiamo loro la vita pensando che poi – dopo – arrivati alla pensione, quando i figli saranno grandi, o quando avremo raggiunto una determinata posizione professionale, potremo cominciare a vivere. È un inganno. **Abbiamo bisogno di vivere ora** e per vivere è necessario percorrere il territorio mutevole dell'intimità con noi stessi e con gli altri.

La comunione è un fatto simmetrico: se non sappiamo essere intimi con noi sarà molto difficile essere intimi con gli altri e allora tutta la nostra riservatezza rimarrà solo un territorio solitario.

# 55

L'INTIMITÀ E L'ABBANDONO DEL CONTROLLO

C'è una locuzione inglese che descrive molto bene cosa significa innamorarsi: *falling in love*, «cadere nell'amore». Perché quando ci innamoriamo è proprio così, cadiamo nell'amore, tra le braccia dell'altro. Una caduta che ha tante caratteristiche in comune con la vertigine: l'eccitazione, la rapidità, il cambiamento che comporta, il sussulto del cuore.

PARTE QUATTRO

Per cadere abbiamo bisogno di abbandonare il controllo lungamente appreso, abbiamo bisogno di sperimentare non solo lo stare sulle nostre gambe ma anche lo stare nelle braccia dell'altro. Anche in questo caso il punto principale rimane affrontare quella piccola ma significativa **perdita di controllo** che sta nella caduta e nel cambiamento.

Se abbiamo paura di lasciare il controllo, "cadere innamorati" o cambiare non sarà facile, perché cadere è evocativo: ci ricorda che potremmo farci male.

Cambiare richiede un abbandono delle maglie strette del controllo. Una disponibilità ad andare un po' **oltre la nostra comfort zone**, a dare alla primavera la possibilità di fiorire: non come vogliamo noi ma come vuole lei.

Potremmo scoprire che a volte le opportunità migliori non le offre la volontà, ma la nostra vita. E che per lasciar andare il controllo non abbiamo bisogno di molto: solo di essere intimi con il momento presente. È questa intimità che indica la direzione, che ci insegna quando fermarci e quando andare avanti.

> «È solo quando il nostro cuore si spezza che scopriamo qualcosa di inaspettato: il cuore non può spezzarsi può solo aprirsi. Quando possiamo sentire sia il nostro amore per il mondo che il dolore per il mondo – insieme – nello stesso momento, è allora che il cuore esce dal suo guscio. Vivere a cuore aperto è vivere la vita pienamente.»
>
> *John Welwood*

56

IL CREPACUORE E L'ARDORE

Sperimento un'apertura ogni mattina, quando incontro la giornata. Un'apertura ogni volta che incontro qualcuno. Non è un'apertura scontata, automatica. Non sempre è ampia e generosa. A volte mi affaccio agli altri stando in uno spiraglio. Altre volte invece la porta è spalancata. Non è così solo per me: abbiamo tutti **una porta verso l'esterno** con la quale regoliamo, in base al nostro umore, la disponibilità verso gli altri.

PARTE QUATTRO

Così, molto spesso, quando accettiamo o rifiutiamo qualcosa non parliamo davvero dell'altro ma affermiamo qualcosa di noi, qualcosa che dichiara la nostra disponibilità al contatto, all'incontro, all'intimità.

Se siamo stanchi o feriti rimaniamo in una posizione di difesa, protetti da questa porta. Ci sono poche situazioni in cui la porta è sempre aperta e poche persone con le quali la manteniamo spalancata. Succede quando ci innamoriamo, non importa se di una persona o di un'attività. Una tale passione fa aprire la porta e andare oltre i confini consueti. Tutto ciò è interessante perché non si tratta di un'esperienza costruita ma di qualcosa che va oltre la nostra intenzione e volontà. Non siamo obbligati a seguire tale passione ma il desiderio di farlo può essere fortissimo.

Forse ci sta ingannando: un inganno che svanisce quando, finito l'innamoramento, entriamo nel territorio dell'amore. O forse ci dice

PARTE QUATTRO

più verità di quanto siamo disposti a tollerare e quindi, lentamente, richiudiamo la porta in modo che resti aperta solo quel tanto che basta per vivere. Il problema però sta nel fatto che chiudendo quella porta spesso non solo chiudiamo l'accesso all'altro, ma chiudiamo l'accesso a quella nostra intima grandezza che sperimentiamo quando siamo innamorati.

Anche della pratica di meditazione possiamo innamorarci: si chiama **provare ardore**. Possiamo rinunciare all'ardore nella nostra vita? Non è proprio l'ardore che ci rende ardimentosi e ci permette di rischiare qualcosa di nuovo, di bello, di vivo?

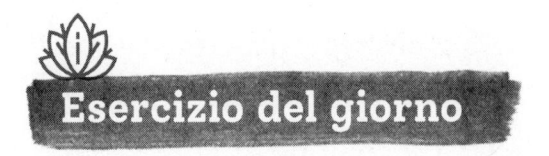

Esercizio del giorno

Quanto è facile per te innamorarti di qualcosa? Quanto ardore metti nelle cose che ami?

57

L'ANSIA DELLA VASTITÀ

L'immunità all'ansia non è molto frequente. Almeno non tanto quanto altre immunità: non esistono ancora vaccini. L'ansia è così presente in noi che potremmo dire che forse è una delle prime emozioni che incontriamo, nel momento in cui nasciamo e ci troviamo, improvvisamente, in uno spazio più grande di quello in cui siamo stati fino ad allora.

Quell'ansia della vastità ci accompagna poi tutte le volte che dobbiamo fare qualcosa di diverso. Tutte le volte in cui vorremmo passare dalle strettoie delle nostre difese all'ampiezza della libertà, proviamo ansia. Noi non vorremmo rimanere bloccati e ancorati al passato, ma cambiare fa paura. L'ansia allora ne approfitta, si insinua e ci rende ambivalenti tra il desiderio e la paura di cambiare. Alla fine scegliamo una delle due opzioni, perché rimanere ancora in quello stallo ci farebbe troppo male e ne avremmo troppa paura. In realtà l'ansia serve per attivarci, per darci la **spinta necessaria**.

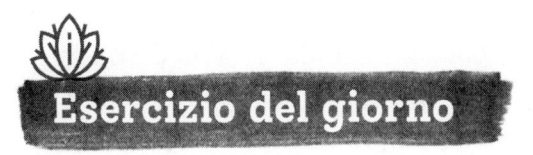

Esercizio del giorno

**Per diminuire l'ansia possiamo fare una scelta: ogni giorno, passo dopo passo, guardare quello che ci fa paura e affrontarlo.
È proprio così che guadagniamo gradi di libertà dall'ansia, non attraverso gli ansiolitici. Iniziamo dalle piccole cose: da passi minimi che di solito evitiamo di fare, e poi onoriamo il fatto di esserci riusciti.**

58

I CERCHI DEL CUORE

Quando ci troviamo in difficoltà, qualsiasi tipo di difficoltà, possiamo tendere ad avere una memoria generalizzante: abbiamo sbagliato una cosa ma ci ritroviamo a pensare che "sbagliamo sempre". Questa generalizzazione avviene anche nelle relazioni. Abbiamo avuto una difficoltà relazionale e possiamo pensare che ci va sempre male, che tutte le nostre relazioni sono sbagliate e così via.

In realtà il nostro modo di stare in relazione è diverso a seconda del **grado di intimità**. E spesso è il tipo di intimità ad attivare una specifica difficoltà.

Quindi, proviamo a immaginare le diverse gradazioni di intimità come i cerchi che si diffondono nell'acqua quando vi cade un sasso. Il cerchio centrale è l'intimità con noi stessi. Il secondo cerchio è l'intimità con le persone che amiamo. Il terzo cerchio è l'intimità con gli sconosciuti. Il quarto cerchio è l'intimità con le persone con le quali abbiamo una relazione difficile. E l'ultimo, il più lontano, è il far parte della specie umana.

Se guardiamo alle nostre relazioni in questo modo possiamo accorgerci che non ci è difficile approcciarci con tutti i gradi di intimità. Solo in alcune situazioni incontriamo ostacoli. Potremmo accorgerci che ci è facile essere gentili con gli sconosciuti quando, magari, arrivando a casa la sera siamo nervosi proprio con le persone che amiamo di più.

Guardare le relazioni con il filtro dell'intimità ci permette di arrivare alla domanda essenziale di tutte le relazioni: **quanto siamo intimi con noi stessi?**

Esercizio del giorno

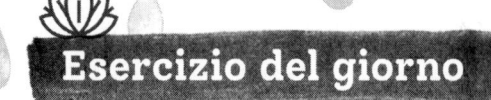

- Quanto mi permetto di accogliere le parti facili e difficili di me?
- Quanto credo sia possibile avere intimità anche con aspetti di me che mi suscitano vergogna o rabbia, scoraggiamento o delusione?
- Che relazione c'è tra l'intimità con me e l'intimità con gli altri?

59

STOP E RAIN: RIMANERE ATTENTI NELLE RELAZIONI

Nella mindfulness possiamo interpretare la parola **STOP** come un acronimo e, sciogliendolo, significa: fermarsi (*Stop*), prendere un respiro (*Take a breath*), osservare (*Observe*) e procedere (*Proceed*), dopo aver osservato cosa sta succedendo. Possiamo pensare anche alla parola inglese **RAIN** (pioggia) come a un acronimo: Riconoscere, Accogliere, Investigare e Non identificarsi con una sola emozione, ma guardare con equanimità a tutte le emozioni presenti. Si tratta di un metodo per non entrare in una modalità reattiva ma aprirci a una risposta riflessiva.

Quando ci troviamo in uno scambio relazionale difficile, fermarci, prendere un respiro, osservare cosa sta succedendo, riconoscere le emozioni che ci sono in gioco e, prima di rispondere, consolare e confortare il proprio disappunto, il proprio dolore, la propria irritazione, sono il modo migliore per prendersi cura delle nostre emozioni.

Potrebbe sembrare una modalità egoistica: ti prendi cura di te prima di rispondere all'altro. In realtà, se non siamo in grado di riconoscere e accogliere quello che proviamo, sarà molto probabile cercare di far soffrire l'altro tanto quanto lui ha fatto soffrire noi.

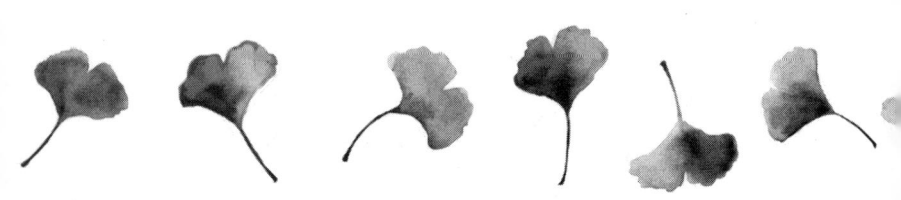

È un meccanismo che sottende la nostra reattività relazionale: mi fai soffrire e io, reagendo, cerco di farti provare lo stesso dolore. Non è per crudeltà (anche se qualche volta può esserci anche della crudeltà): è una maniera primitiva, quindi rapida e veloce, per cercare di risvegliare **empatia** nel nostro interlocutore. Dovrebbe bloccare la sofferenza che l'altro ci infligge ma, purtroppo, la amplifica, rischiando di innescare un circolo vizioso.

Per uscire da questa modalità abbiamo bisogno di fare il primo passo – quello indispensabile – di fronte al dolore: confortare noi stessi, senza rivolgerci subito all'altro. In questo modo inneschiamo una modalità virtuosa di relazione: diamo all'altro il tempo di accorgersi che ci ha ferito, gli permettiamo di sintonizzarsi su questa nuova informazione e di scegliere come procedere. Potrebbe venire anche a lui voglia di fermarsi!

LE DELUSIONI SONO FIGLIE DELLE ILLUSIONI

Quando qualcosa o qualcuno ci delude diventa inevitabile domandarsi da dove partire per riportare la serenità. Proviamo la sensazione che il problema sia esterno e quindi cerchiamo una soluzione all'esterno. Cerchiamo di spiegare all'altro le nostre ragioni oppure cerchiamo di convincerlo a cambiare atteggiamento o a intraprendere una mediazione.

PARTE QUATTRO

In realtà, però, anche se abbiamo un problema relazionale, il punto da cui partire per risolverlo non è mai esterno ma è sempre interno. Non perché siamo i responsabili di tutto e nemmeno perché dobbiamo sempre essere noi i primi a manifestare buona volontà:

è necessario partire dall'interno perché la soluzione non sta nell'altro ma in noi.

Siamo noi che abbiamo bisogno di riconoscere se e come ci siamo illusi – perché le delusioni sono sempre figlie delle illusioni –, se e come siamo rimasti fedeli alle nostre illusioni pur di non riconoscere che l'altro era diverso da come ce lo aspettavamo. E, infine, siamo noi che dobbiamo trovare consolazione al nostro dolore per interrompere l'espandersi della paura di stare in relazione. Se non ci occupiamo del nostro dolore una parte di noi rimarrà sempre spaventata: avrà paura di sbagliare di nuovo, di soffrire di nuovo, di incontrare di nuovo la persona sbagliata, che sia un partner lavorativo o sentimentale.

Non si tratta "solo" di lasciar andare il passato e non si tratta "solo" di perdonare (anche se già lasciar andare e perdonare sono due azioni piuttosto difficili). Si tratta di consolare il presente e, nel farlo, di riconoscere la radice della nostra illusione: quella che ci ha fatto rimanere attaccati a qualcosa che credevamo diverso.

Ognuno ha la propria illusione. A volte ci illudiamo che esista la persona "giusta", sottovalutando l'importanza del costruire una relazione. A volte ci illudiamo che se saremo buoni tutti saranno buoni con noi. A volte ci illudiamo che esistano solo sentimenti positivi, solo persone amabili, come se l'oscurità della notte non facesse parte del giorno.

61

IL MISTERO È IL LUOGO DA CUI NASCE LA TENEREZZA

A volte ci illudiamo che tutto sia semplice e chiaro, come se il mistero non fosse il luogo da cui si sprigiona la tenerezza.

Il mistero ha due possibilità di scelta: l'**illusione o la tenerezza**. È facile scegliere l'illusione: non capisco perché quella persona fa così, non capisco perché si comporta così e attribuisco una buona ragione, una buona intenzione all'altro, pur non spiegandomi le sue azioni. Se scegliamo l'illusione costruiamo un castello che prima o poi cadrà.

PARTE QUATTRO

Se scegliamo la tenerezza percorriamo invece la nostra vulnerabilità per sentire se, come e quando l'altra persona diventa troppo per noi. Troppo difficile, troppo crudele, troppo distante. Sarà con questa consapevolezza che avremo una nuova possibilità di scelta: vedere l'altro per come è e vedere noi per come siamo. A quel punto sapremo che valore ha restare e che valore ha andarsene.

62

IL CORAGGIO
E LA VULNERABILITÀ

Molti di noi sono stati bambini coraggiosi, non perché combattessero pericoli particolari ma perché nell'infanzia hanno avuto il coraggio di essere vulnerabili e aperti. Con gli anni impariamo a difenderci, ma all'inizio della vita la nostra apertura è, a volte, disarmante. Questa disponibilità a essere aperti – che è una grande forma di coraggio – restituisce interezza alla nostra anima. **Le difese schiacciano l'anima, mentre l'apertura la rende vitale.**

PARTE QUATTRO

Il dubbio però è: come accettare la vulnerabilità che viene dall'apertura? Per farlo abbiamo bisogno di riprenderci il nostro coraggio. In particolare dobbiamo tornare al cuore coraggioso di quando eravamo bambini, affrontando direttamente il pericolo, che poi altro non è che la capacità di confrontarsi con la sofferenza rimanendo autentici.

Anche se può sembrare strano, un cuore difeso non è un cuore più sicuro: è un cuore più spaventato che si sente continuamente minacciato da quello che accade. Dobbiamo permettere al cuore di diventare forte in modo nuovo, attraverso la possibilità di provare compassione per noi stessi e per gli altri, attraverso uno sguardo equanime sulle cose, attraverso la gentilezza e la tenerezza: qualità naturali di un cuore aperto.

LA GENTILEZZA

La gentilezza non è solo un atto formale: può nascere come una regola di buona educazione, possiamo impararla come una serie di comportamenti da preferire, ma non è cortesia.

PARTE QUATTRO

La **cortesia** rende le cose più semplici ma può rimanere un'attitudine superficiale, che non coinvolge davvero il nostro atteggiamento di fondo verso ciò che accade.

Essere gentili, in profondità, significa qualcosa di più. Significa sentire la punta tagliente della vita, riconoscerla e accettarla. Significa non reagire di fronte a tutto quello che accade ma fargli spazio perché ci insegni qualche lezione nuova.

Significa anche imparare a riconoscere che gioia e dolore possono essere intrecciati: maestri severi quanto necessari della nostra crescita.

La nostra gioia può comportare per qualcun altro un disagio, se non un vero e proprio dolore. Allo stesso modo il nostro dolore può essere frainteso e suscitare incomprensione.

PARTE QUATTRO

È in questi momenti che sorge la gentilezza: nei momenti in cui vediamo le cose dal nostro punto di vista ma riusciamo a includere anche la prospettiva esterna, perché non possiamo essere gentili senza includere – nell'universo delle priorità – anche qualcosa degli altri.

Così la gentilezza nasce come una delle prime emozioni sociali e ci insegna che quello che accade a noi si riverbera sugli altri.

Spesso perdiamo gentilezza proprio di fronte all'impotenza che sperimentiamo nel cambiare le cose, quando ci troviamo con le spalle al muro, quando dobbiamo accettare qualcosa che avremmo volentieri rifiutato. È in quei momenti che possiamo scegliere se propagare il nostro dolore agli altri o se arrestare il cerchio della sofferenza con la gentilezza. Con la compassione che sorge dalla gentilezza e con la generosità che nasce da entrambe.

64

LA TENTAZIONE DEL RISULTATO

Giudicare sulla base del risultato è una grossa tentazione: il risultato ci sembra la destinazione finale che svela il senso di quello che è avvenuto. In realtà al risultato concorrono tante variabili, molte delle quali totalmente fuori dal nostro controllo. Eppure, continuiamo a considerare che quel risultato sia solo nostro e quindi il segno personale della nostra riuscita o della nostra sconfitta. E così, se non ci piace, perseveriamo nel modificarlo fino a che non raggiunge la forma desiderata. Peccato che a volte lo facciamo a prescindere dalle circostanze, dalla volontà e dalla collaborazione delle altre persone coinvolte. È così che un partner diventa uno stalker: non accetta il risultato finale, vuole avere ancora la possibilità di cambiare le cose o, almeno, di cancellare il fallimento, cancellando la persona che lo rappresenta.

Giudicare sulla base del risultato è sempre un **atto egoistico**: è un nostro merito o una nostra colpa. In entrambi i casi il ruolo dell'altro è secondario, viene svalutato.

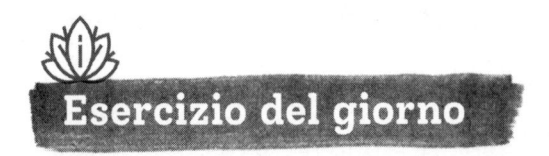

Esercizio del giorno

Analizza un risultato e valuta che ruolo hanno avuto l'ambiente, le circostanze, la volontà delle altre persone coinvolte. Come ti sentiresti se accettassi le cose così come sono, così come sono andate, guardando a quel risultato senza giustificazioni?

65

LASCIAR ANDARE È UN ATTO D'INGRESSO

Spesso pensiamo che non ci sia relazione tra quello che accade nel corpo e quello che accade nella mente: è un pensiero che nasce dalla separazione che crediamo esserci tra questi due elementi. Se ristabiliamo l'originario senso di unità possiamo accorgerci che i movimenti del corpo sono speculari a ciò che proviamo nella mente.

Aggrapparsi è uno dei movimenti in cui è più facile cogliere la connessione corpo-mente ed è uno dei movimenti antagonisti del lasciar andare. Lasciar andare è un atto d'ingresso nel cambiamento.

PARTE QUATTRO

Aggrapparsi è cercare di bloccare il flusso del cambiamento.

Questo aggrapparsi accade sia per qualcosa che ci piace che per qualcosa che non ci piace. Se ci piace non vorremmo che finisse, se non ci piace non accettiamo che sia andata così e ci aggrappiamo all'idea di dover modificare le cose. Ci aggrappiamo non solo come conseguenza del momento che viviamo, piacevole o spiacevole, ma nutriamo l'illusione che insistendo, rimanendo aggrappati al nostro desiderio, sarà possibile ottenere un diverso risultato, cambiare l'esito delle cose.

La volontà non scioglie la nostra tendenza ad aggrapparci: solo la tenerezza può farlo. Solo la tenerezza porta con sé la saggezza del lasciar andare e la saggezza del riconoscere i nostri limiti. Solo la tenerezza sorride alla nostra prepotenza e guarda avanti, senza lottare.

66

IL DISARMO DELLA TENEREZZA

Al mio sedicesimo compleanno mio padre mi regalò un portachiavi d'argento. Era un osso con su scritto: "Sono un osso duro". Non so bene perché pensò a questo regalo, ma in ogni caso ne ero molto orgogliosa. Metteva a fuoco degli aspetti di me che lui apprezzava molto e che mi avrebbero dato un sacco di guai. La mia determinazione poteva arrivare alla testardaggine e il mio non mollare poteva portarmi a farmi male piuttosto di cedere. Ho tenuto quel portachiavi con me per molti anni, fino a che un giorno si spezzò esattamente a metà. Forse era il segnale che non ero più un osso duro o, forse, era un monito: nella rigidità c'è molta fragilità.

PARTE QUATTRO

Nella mia famiglia essere duri era un merito: la tenerezza non godeva di grande credito e nemmeno di prestigio. Bisognava affrontare le difficoltà a muso duro. Devo dire che questo ha alimentato anche degli aspetti positivi: mi ritengo abbastanza coraggiosa.

Oggi ho capito una cosa: ho capito che confondevo timore e tenerezza, perché entrambe ti rendono tremolante. La fondamentale differenza sta nel fatto che nel timore rimango bloccata e mi ritraggo, nella tenerezza, invece, mi viene voglia di avvicinarmi.

Così, oggi, quando tremo, mi domando prima di tutto verso che cosa sto provando tenerezza e poi, solo dopo, mi chiedo se, per caso, sono spaventata. Ho scoperto così che dentro di me c'è molta più tenerezza di quella che credevo e che, fortunatamente, invecchiando si irrigidiscono solo le articolazioni. Il cuore invece diventa più grande e coraggioso perché impara che aver paura non serve a niente. Serve solo a spaventarti in anticipo ma poi, quando arrivano, i guai sono sempre una sorpresa.

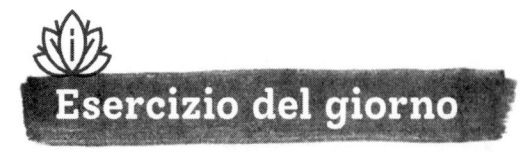

Esercizio del giorno

Sai distinguere tra timore e tenerezza? Consideri la tenerezza un sentimento adatto alla tua vita? Quanto frequentemente la provi?

«Ecco la tenerezza trova misteri dove gli altri vedono problemi.»

Chandra Livia Candiani

67

LA FORZA DEL CARATTERE E LA GENTILEZZA

Spesso sentimenti come la gentilezza o la tenerezza vengono associati a mancanza di forza di carattere. In realtà quello che definiamo "forza di carattere" è spesso un confine inflessibile e rigido. Una forza che diventa anche una corazza, ossia qualcosa che ci impedisce uno scambio fluido tra interno ed esterno.

Non è infrequente essere **le prime vittime del nostro carattere**: a volte è rigido e ci porta in direzioni che noi invece vorremmo cambiare. Più il carattere è forte e meno ci perdoniamo di aver sbagliato. Più il carattere è forte e meno permettiamo agli altri e a noi stessi di consolarci.

PARTE QUATTRO

Sbagliamo tutti e questa è una certezza. Ma cosa facciamo poi con i nostri errori non è affatto scontato. Dov'è il confine tra una sana capacità di miglioramento e la persecuzione? Credo che il confine stia proprio nel **perdono**, e spesso le cose che non riusciamo a perdonarci sono errori che non potevamo evitare, dal momento che non possiamo conoscere il futuro. Solo una volta che gli eventi si sono verificati riusciamo ad analizzare il processo e a ipotizzare delle soluzioni alternative, perché sappiamo qualcosa che prima non sapevamo: come è andata a finire.

È la nostra forza di carattere a farci credere di avere il potere – e anche il dovere – di orientare il nostro destino e quello altrui, ma in questo modo possiamo fare molta fatica a perdonarci, anche quando non tutto ciò che accade è nostra responsabilità. La mancanza di perdono rischia di diventare un macigno sulla nostra vita e sulla vita di chi abbiamo accanto.

Esercizio del giorno

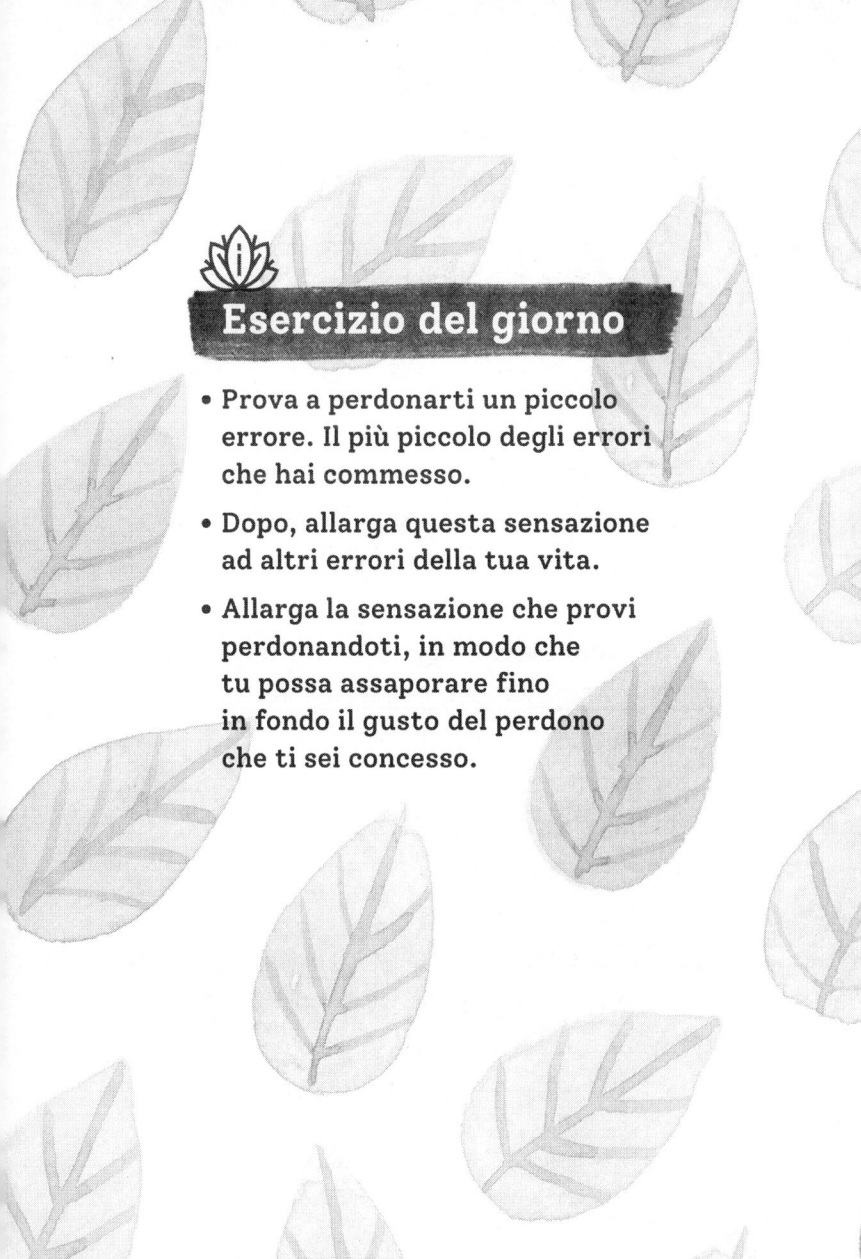

- Prova a perdonarti un piccolo errore. Il più piccolo degli errori che hai commesso.

- Dopo, allarga questa sensazione ad altri errori della tua vita.

- Allarga la sensazione che provi perdonandoti, in modo che tu possa assaporare fino in fondo il gusto del perdono che ti sei concesso.

68

LA GIOIA DEL MOVIMENTO

Dietro alle nostre difese, dietro alle nostre chiusure, alla fine c'è un'unica cosa: **la ricerca di sicurezza**. Vorremmo muoverci su un terreno stabile. Avere relazioni certe e affidabili. Sapere prima cosa succederà dopo. Avere un futuro certo, soprattutto se il nostro passato è stato pieno di incertezze. Poi però arriva un imprevisto e ci sembra una tragedia, solo perché si discosta dalla nostra routine abituale.

Entriamo nella vita allenati a muoverci su terreni stabili, ma scopriamo di vivere in un mondo altamente instabile. Ci hanno detto che l'amore dura per sempre e scopriamo che non è vero: quelli che durano tutta la vita sono rari e preziosi. Ci hanno detto che il lavoro dovrebbe durare per sempre e scopriamo che non è più vero: andiamo avanti a collaborazioni, assegni di ricerca, contratti a progetto.

Ci sentiamo inadeguati e, invece, abbiamo solo ricevuto l'allenamento sbagliato.

Come percepiremmo tutto questo se lo guardassimo dall'ottica delle nostre abilità a stare nell'incertezza, nel cambiamento? Come cambierebbe la nostra sensazione di essere sbagliati, di essere inadeguati, di essere sfortunati se prendessimo contatto con il fatto che tutto è in continuo cambiamento e che esiste un dolore legato al fatto che le cose cambiano? È un dolore inevitabile che porta una gioia altrettanto inevitabile: la gioia della novità, della freschezza, della sorpresa, della scoperta.

69

EQUANIMITÀ E GENTILEZZA

Quando respiriamo c'è un momento in cui fine e inizio del respiro si incontrano: in quel momento possiamo sperimentare la radice della gentilezza e della compassione. Quella radice si chiama **equanimità**, lo stato di calma che sperimentiamo quando abbiamo acquietato l'avversione e lasciato andare l'attaccamento alle cose.

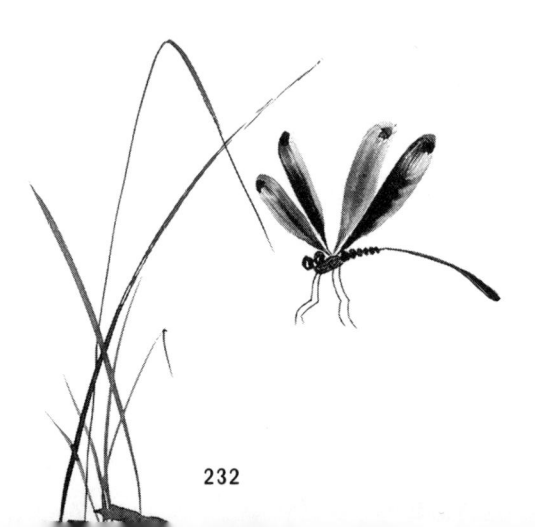

L'equanimità è lontana dall'indifferenza. Non significa non provare nulla: significa, al contrario, riuscire a cogliere la radice della compassione e della gentilezza abbastanza da permetterci di aprire la mente anche alla prospettiva dell'altro, cercando di essere imparziali. Nella tradizione tibetana una metafora spiega cos'è l'equanimità: **è come un campo ben arato**. Perché l'acqua non ristagni in alcuni punti o manchi in altri, non dobbiamo occuparci solo della profondità dei solchi, dobbiamo fare in modo che il nostro campo sia in pari.

Da questa immagine possiamo capire che l'equanimità ha un ostacolo: **l'impazienza**. Se scaviamo in profondità scopriamo che sotto il terreno dell'impazienza c'è un'intolleranza per la realtà così com'è che conduce, con una curva rapida, a dare la colpa di quello che accade a noi stessi o a qualcun altro. Bisognerebbe invece, come dice Corrado Pensa con ironia, affrettarsi piano.

PARTE QUATTRO

Quando il Dalai Lama ricevette il premio Nobel per la pace, un giornalista gli chiese se provava rancore nei confronti dei cinesi, che avevano esiliato e perseguitato i tibetani. Il Dalai Lama rispose: «Ci hanno preso tutto, dovrei permettere che mi prendano anche la mente?». Ecco l'equanimità è questo: non permettere che ciò che toglie pace alla tua vita invada la tua mente.

> «La purezza del torbido
> si ottiene con la calma.
> La calma si ottiene
> generandola lentamente.»
>
> *Lao Tzu*

DOVE VANNO A FINIRE I BUONI CONSIGLI?

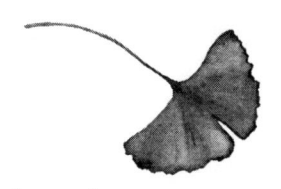

«L'unica persona alla quale
puoi lontanamente assomigliare
è te stesso. E ciò, alla fine dei conti,
è la vera sfida della mindfulness:
la sfida di essere te stesso.
L'ironia, naturalmente,
è che lo sei già.»

Jon Kabat-Zinn

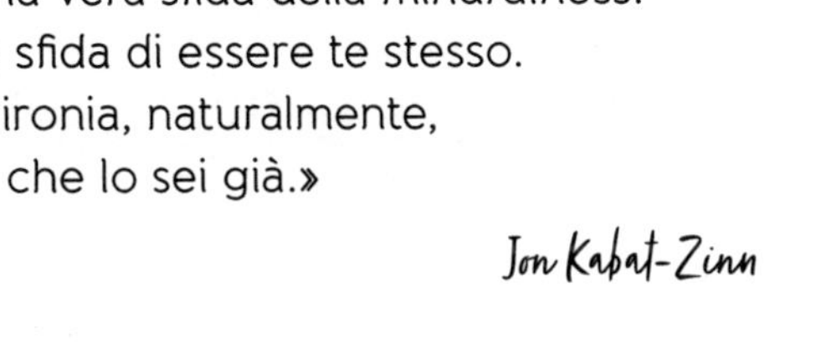

A volte mi domando dove vanno a finire i buoni consigli, quelli dati con affetto, saggezza, compassione. E poi dove vanno a finire i cattivi consigli, quelli che incasinano la vita e fanno guai. Perché una cosa è certa: seguono strade diverse.

I buoni consigli me li immagino in soffitta, ammucchiati in bauli, pronti a essere tirati fuori, rinfrescati e inamidati per qualche occasione speciale, per poi tornare subito in deposito.

Nel mio lavoro dovremmo rigorosamente astenerci dal dare consigli, dovremmo solo attivare processi riflessivi. Io mi sono resa conto che arrivo a dare un consiglio solo sotto la spinta dell'impazienza o della disperazione. Quando mi sembra che non ci sia più niente da fare, mi sporgo e lancio un consiglio, che, inevitabilmente, finisce nel vuoto. Anzi, a volte fa addirittura scappare chi lo riceve, perché i consigli degli psicologi fanno più paura di quelli delle mamme o degli amici.

Malgrado la loro evidente inutilità, i consigli continuano ad avere un certo successo e un certo fascino. Ogni tanto ricevo delle e-mail in cui mi viene chiesto un consiglio. Senza aver mai visto in faccia una persona, però, non si può parlare di consiglio: quello sarebbe puro e semplice vaticinio, una specie di attività da oracolo di Delfi, che evito sempre di fare. Mi limito a raccontare nei miei post, sul mio sito, come funzionano le cose, un po' per esperienza personale, un po' per esperienza professionale, un po' perché imparo tantissimo dalle persone che incontro.

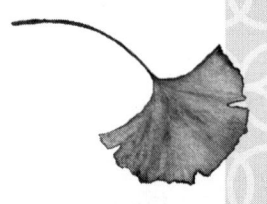

L'idea è che questo libro possa funzionare come un seme che attiva una riflessione personale, portando chi lo legge a dire "diamoci noi i consigli di cui abbiamo bisogno". Io vi ho offerto solo qualche ingrediente.

Poi ci sono i cattivi consigli che di solito vengono seguiti perché, rispetto ai buoni consigli, hanno un vantaggio in più: nascono dall'esempio. Chi dà un cattivo consiglio ci si mette sempre dentro e dice, in qualche modo: "Prendimi a esempio e facciamolo insieme". Questa è una cosa che i saggi evitano: la responsabilità, si sa, dovrebbe sempre rimanere sulle spalle di chi ha il problema. Chi dà cattivi consigli è come la fatidica cattiva compagnia della nostra adolescenza: non ti lascia mai solo a fare confusione. I veri guai vengono sempre fatti in compagnia. I cattivi consigli, infatti, sono trascinanti, mentre i buoni consigli, quelli che finiscono in soffitta, sono edificanti. Si capisce subito che l'appeal è diverso, parecchio diverso. Chi vorrebbe seguire, d'estate e con questo caldo (d'inverno e con questo freddo), qualcosa di solitario, impegnativo ed edificante? Nessuno! I buoni consigli non riusciranno mai a farsi strada nel mondo perché mancano di un ingrediente fondamentale: la partecipazione. Quando diamo un consiglio, lo somministriamo, come una medicina: "È qualcosa che devi fare o prendere tu, non io". Per fortuna, se l'interlocutore è anche minimamente orgoglioso, dirà a sé stesso, con ragione: "Voglio sbagliare facendo di testa mia e non di testa tua".

Così ecco l'ultimo buon consiglio, che do prima di tutto a me stessa: mai dare buoni consigli, dare invece sempre semi di riflessione innaffiati con l'esempio e la condivisione. Io spero di aver fatto questo.

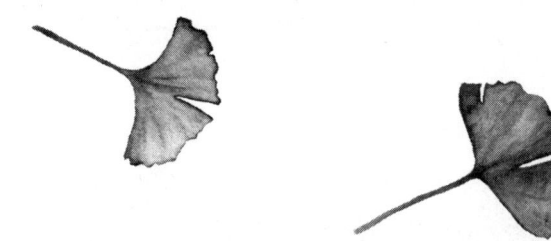

«Che peccato che gli esseri umani non possano scambiarsi i problemi. Tutti sembrano sapere esattamente come risolvere quelli degli altri.»

Olin Miller

THE "HAPPY" END!
OVVERO
UN MISURATO EPILOGO.
MISURA IL TUO QUOZIENTE DI FELICITÀ

Il maestro indiano Maharishi diceva che se prendi l'oceano con una tazza ne avrai solo una tazza ma se lo prendi con un secchio ne avrai senz'altro di più. Questo test di autoconoscenza vuole aiutarti a vedere in quali aree hai solo una tazza e in quali aree hai un secchio: l'oceano rimarrà sempre l'oceano ma tu hai comunque qualche possibilità in più! In questo modo potrai selezionare quali esercizi del libro ti sono più utili per passare da una tazza a un secchio di felicità. Una felicità sempre ordinaria si intende, perché la mia idea è che, per essere felici, abbiamo solo bisogno di guardare con occhi nuovi quello che è già presente nella nostra vita.

Uno degli ostacoli alla felicità è un esagerato **ottimismo**. "Ma come? Pensavo che essere ottimisti fosse una caratteristica delle persone felici!" Sì, è vero che essere ottimisti è una caratteristica delle persone felici, però avere aspettative esageratamente ottimistiche su quello che accadrà espone a delusioni e porta a costruire un'immagine negativa di se stessi in quanto incapaci di ottenere la felicità.

Quindi, la prima domanda da porre è:

✿ Le tue aspettative sono realistiche?

Da 1 (non sono realistiche)
a 5 (sono molto realistiche),
che voto ti daresti?

Le **relazioni** sono importanti per la qualità della vita. Abbiamo diversi livelli di intimità relazionale, ognuno con una sua caratteristica.

❀ Hai una buona relazione con il partner?

1 – Faccio fatica ad avere una relazione stabile.
2 – Ho relazioni episodiche.
3 – Ho una relazione stabile ma molto conflittuale.
4 – Ho una relazione stabile ma non soddisfacente.
5 – Ho una relazione stabile e soddisfacente.

Dovendo scegliere tra queste alternative, che voto ti daresti?

❀ Hai una buona relazione con i tuoi familiari?

Da 1 (ho relazioni difficili in famiglia)
a 5 (la mia famiglia è un luogo sicuro),
che voto ti daresti?

❀ Sei disponibile nei confronti degli estranei e degli sconosciuti?

Da 1 (sono diffidente e ho un atteggiamento di chiusura verso le persone estranee)
a 5 (ho un atteggiamento di apertura e sono amichevole), che voto ti daresti?

❀ Svolgi attività sociali e di volontariato gratuite?

Da 1 (non ho mai fatto volontariato e non mi interessa)
a 5 (dedico regolarmente del tempo ad attività gratuite a favore degli altri), che voto ti daresti?

Ci sono **emozioni antagoniste** della felicità. Nutrire sensi di colpa, provare inquietudine rispetto a possibili eventi futuri, non riuscire a lasciar andare vecchi fallimenti, insuccessi o ferite sono tutti sentimenti che, a lungo andare, finiscono per appesantire il nostro umore e renderlo inadatto a un sentimento delicato come la felicità.

Il secondo gruppo di domande quindi è:

❀ Quanto sei disponibile a lasciar andare i fallimenti passati?

Da 1 (non lascio andare)
a 5 (riesco a lasciar andare con semplicità), che voto ti daresti?

❃ Quanto spesso provi senso di colpa, che sia per delle ragioni concrete o per degli scrupoli?

Da 1 (molto spesso)
a 5 (non provo senso di colpa che duri
oltre il tempo necessario per la riparazione),
che voto ti daresti?

❃ Quanto ti è difficile perdonare i torti subiti?

Da 1 (molto difficile)
a 5 (posso perdonare e dimenticare),
che voto ti daresti?

La **chiarezza percettiva** è un elemento base della soddisfazione, e la soddisfazione è fondamentale per la sensazione di felicità. Così, sapere cosa sentiamo, riuscire a riconoscerlo e nominarlo, avere un obiettivo determinato, una chiarezza di intenzioni, è necessario per alimentare la nostra propensione a essere felici.

Il terzo gruppo di domande è:

❀ Riesci a riconoscere con chiarezza i tuoi stati emotivi e a dare un nome a quello che senti?

Da 1 (non mi è affatto chiaro quello che sento) a 5 (riesco a riconoscere e a nominare quello che provo), che voto ti daresti?

❀ Riesci a distinguere tra sensazioni fisiche e sensazioni emotive? Per esempio, sai distinguere tra nausea dovuta all'ansia e nausea da mal di stomaco?

Da 1 (non riesco a distinguere i due tipi di sensazione) a 5 (riesco a distinguerle e a descriverle con chiarezza), che voto ti daresti?

❀ Riesci a esprimere con parole chiare quello che provi?

Da 1 (ho la sensazione di non riuscire a esprimerlo) a 5 (riesco a comunicarlo facilmente), che voto ti daresti?

La **memoria del futuro**, intesa come capacità di dare una direzione alle proprie azioni che vada al di là dell'immediato presente, ci permette di acquisire un senso di serenità rispetto allo svolgersi della nostra vita. Abbiamo bisogno di coltivare intenzioni e obiettivi, e abbiamo bisogno di saperli lasciar andare quando la vita non li rende realizzabili.

Ecco il quarto gruppo di domande:

❈ Hai un'intenzione chiara per le tue giornate?

Da 1 (ho la costante sensazione di vagare)
a 5 (mi sveglio con un'idea chiara in mente
e mi muovo in quella direzione),
che voto ti daresti?

❈ Hai una intenzione chiara per i prossimi sei mesi?

Da 1 (non lo so)
a 5 (la mia intenzione è chiara
e ho fiducia di poterla realizzare),
che voto ti daresti?

❋ Sai lavorare in modo pratico ed efficace per raggiungere un obiettivo?

Da 1 (ho la sensazione di non esserne in grado)
a 5 (riesco a capire cosa devo fare
per raggiungere un obiettivo e riesco
quasi sempre a metterlo in pratica),
che voto ti daresti?

❋ Tolleri i fallimenti?

Da 1 (no, confermano la mia nullità)
a 5 (imparo dai fallimenti e li uso
per riprogrammare il mio futuro),
che voto ti daresti?

La felicità non è un'emozione personale ed esclusiva. Le persone molto egoiste non sono più felici delle altre: anzi, spesso sono le più infelici. Per coltivare la felicità abbiamo bisogno di **saperci consolare** e di **saper consolare gli altri**. Abbiamo bisogno di dare attenzione a noi stessi e di essere generosi con gli altri. Aprire in questo modo il cuore e la mente ci toglie da una prospettiva troppo egocentrica, che rischierebbe di trasformarci in persone incapaci di cogliere l'aspetto non personale del dolore (detto in altre parole, il dolore fa parte della vita e non ci capita perché il mondo è contro di noi).

A questo riguardo, l'ultima serie di domande è:

❀ Sei in grado di provare compassione per le tue infelicità e di consolarti?

Da 1 (quando sto male e quando ho un problema me la prendo con me stessa o me stesso)
a 5 (provo compassione per le mie difficoltà e mi so consolare),
che voto ti daresti?

❀ Provi compassione per le difficoltà altrui e sei disponibile a dare sostegno e aiuto?

Da 1 (non so aiutare gli altri e le loro necessità mi infastidiscono)
a 5 (sono disponibile verso gli altri e aiutarli mi dà piacere e soddisfazione),
che voto ti daresti?

❀ Sei capace di generosità e condivisione?

Da 1 (non ne ho abbastanza per me
e non posso dare niente agli altri)
a 5 (la generosità – sotto forma di azioni,
contatto, vicinanza e atti concreti –
fa parte del mio stile di vita),
che voto ti daresti?

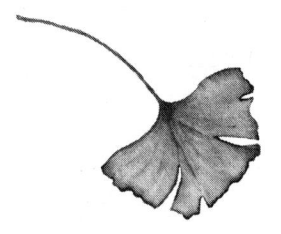

A questo punto forse ti aspetti che sia io a dirti se sei felice. Ti suggerisco invece di autovalutarti facendo attenzione alle aree in cui ti sei dato dei punteggi inferiori a 3. Valuta se potresti fare qualcosa per migliorare questi aspetti, considera anche l'idea che la cosa migliore da fare potrebbe essere accettare le cose così come sono: a volte permettere alla nostra vita di essere proprio così com'è è la non-azione più utile e salvifica possibile.

Quando qualcosa non va tendiamo a vedere solo i lati negativi e sottovalutiamo la presenza dei "felici contrappesi" che riportano in parità il bilancio della felicità, cerca quindi di non focalizzarti solo sugli aspetti in cui hai un punteggio basso ma offri uno sguardo ampio al panorama del presente. Forse quello che ti rende felice è più di quello che pensavi e, semplicemente, esageri nel dare importanza ad alcune difficoltà.

Ricorda infine che non è il successo che rende felici ma, come dice Shawn Achor, è la felicità che aumenta le probabilità di avere successo!

INDICE

INTRODUZIONE 8

PARTE UNO
USCIRE DAL PILOTA AUTOMATICO 17

1 Attenzione e memoria 23
2 Quel simpaticone del pilota automatico 26
3 Attenzione ed emozioni 29
4 I ladri dell'attenzione 31
5 La ri-percezione 33
6 Distrarsi e procrastinare 35
7 Diversi tipi di attenzione per coltivare la leadership .. 38
8 Molteplici ruoli, molteplici attività 41
9 Modalità dell'essere o modalità del fare? 45
10 Che cosa cambia con la mindfulness? 48
11 Siamo sicuri di sapere cos'è la mindfulness? 51
12 L'intenzione 53
13 Dedicare un'intenzione 57
14 Focalizzarsi 60
15 Le difese sono l'altra faccia del pilota automatico: la faccia reattiva 62
16 Rispondere e non reagire 65
17 Respirare e sospirare 68
18 Lasciare le cattive abitudini 70

PARTE DUE

L'ILLUSIONE DI UNA VITA PERFETTA 73

19 Fare pace con il perfezionismo 77
20 Ho fatto giusto?
   Il perfezionismo nella vita quotidiana 79
21 La bellezza dell'imperfezione 82
22 Un ciliegio non ha paura di fiorire 86
23 La storia dei tre giacinti 89
24 Il rilevatore di discrepanza e le parole di paragone 92
25 Diventare fedeli all'imparare 96
26 L'arte di sbagliare e fare pace con i propri errori 99
27 Quando la mindfulness incontra la *self compassion* ... 102
28 La differenza tra accettazione e rassegnazione 104
29 Lasciar essere e lasciar andare
   ovvero non interferire 108
30 Permettere 110

PARTE TRE

IL NOSTRO MATRIMONIO CON IL TEMPO
E LE PRATICHE DI ORDINARIA FELICITÀ 113

31 Scegliere di sentire 118
32 Riempire ogni momento 121
33 Lo stress è come il sale 123
34 Non rimpicciolirsi 127
35 Parole sulla stanchezza e il riposo 131
36 La stanchezza del corpo 134
37 La stanchezza della mente 137
38 La stanchezza del cuore 140
39 La stanchezza dell'ambizione 144

40 La bellezza del tempo 147
41 Gli stereotipi legati all'età e la felicità 150
42 Il passare del tempo e la serenità 154
43 Le convinzioni errate sulla felicità 158
44 La trappola della felicità 162
45 Falso mito 1: la felicità è la condizione naturale
   di tutti gli esseri umani 163
46 Falso mito 2: se non sei felice vuol dire
   che c'è qualcosa che non va 164
47 Falso mito 3: per avere una vita migliore
   bisogna sbarazzarsi dei sentimenti negativi 165
48 Falso mito 4: dovresti saper controllare
   quello che pensi e che provi 166
49 La felicità non viene servita su un piatto d'argento ... 168
50 Coltivare la radice della felicità:
   il nascondiglio della gioia 171
51 Il successo e la felicità 175

PARTE QUATTRO

STRUMENTI DI MANUTENZIONE DELL'ANIMA 183

52 La fiducia di non agire 187
53 Il paradosso del non-agire 190
54 L'intimità è un atto simmetrico 193
55 L'intimità e l'abbandono del controllo 196
56 Il crepacuore e l'ardore 199
57 L'ansia della vastità 202
58 I cerchi del cuore 204
59 STOP e RAIN: rimanere attenti nelle relazioni 207
60 Le delusioni sono figlie delle illusioni 210
61 Il mistero è il luogo da cui nasce la tenerezza 213

62 Il coraggio e la vulnerabilità 215
63 La gentilezza 217
64 La tentazione del risultato 220
65 Lasciar andare è un atto d'ingresso 222
66 Il disarmo della tenerezza 224
67 La forza del carattere e la gentilezza 227
68 La gioia del movimento 230
69 Equanimità e gentilezza 232

DOVE VANNO A FINIRE I BUONI CONSIGLI? 235

THE "HAPPY" END!
OVVERO UN MISURATO EPILOGO.
MISURA IL TUO QUOZIENTE DI FELICITÀ 241